クラブ特性 インパクト 操作法

ゴルフスイング
解析図鑑

イラストで分かるゴルフクラブの操作法

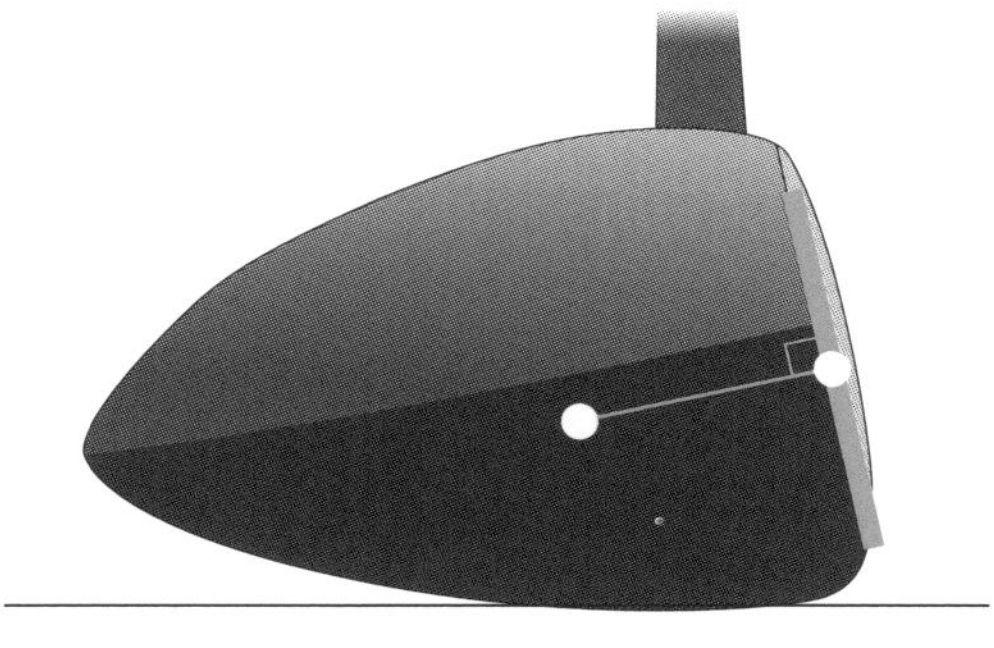

著 宮本大輔

イースト・プレス

はじめに

ゴルフクラブの正しい使い方を伝える一冊

ゴルフを始めた時に、私はこんな疑問を持ちました。「なぜゴルフクラブに説明書が付いていないのか」ということです。

体の動きには多くの方がアドバイスをしていますが、クラブの使い方はほとんど言われていません。何が正解なんだろう?

実際に、ゴルフスイングは「右ヒジを体に向けたままインパクトしたら曲がらず飛ぶ!」「トップで肩はしっかり回っているけど、手元の位置が低いイメージだと上手く当たる!」など、自分の感覚を積み上げていくことで上達していきます。

ところが、ある日突然、分からなくなる日が来ます。「この感覚で良かったのに……」

そう思った方は少なくないはずです。

なぜそう言った事が起こるのか？　その理由は、クラブの使い方を正しく理解し、クラブの動きを元に、体の感覚に落とし込めていないからです。

クラブの使い方には正解が1つあります。しかし体の動かし方は、人それぞれに合わせるべきです。なぜなら人は、骨格や体の柔軟性などが様々で、体の動かし方は十人十色だからです。個々に応じたクラブの動かし方があるべきだと考えてほしいと思います。

これから私がお伝えするやり方を実践することで、同じように打ち続け、ボールのコントロールができるようになります。

本書では、クラブの正しい使い方を学び、それを実践していただき、自分に合った体の動かし方を身につけていただくことを目指しています。おすすめの練習方法もたくさん紹介しています。

この本があなたのゴルフスイングの向上に役立つことを願っています。宮本大輔とともに一緒に学んでいきましょう。

宮本大輔

クラブ特性 インパクト 操作法

ゴルフスイング解析図鑑

イラストで分かるゴルフクラブの操作法

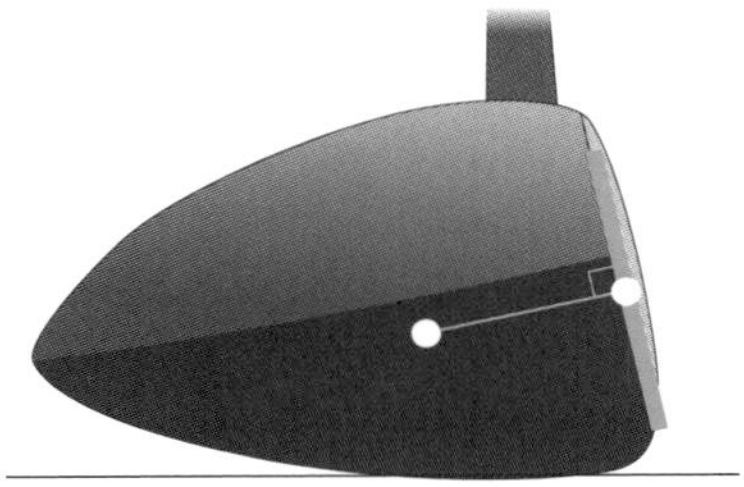

CONTENTS

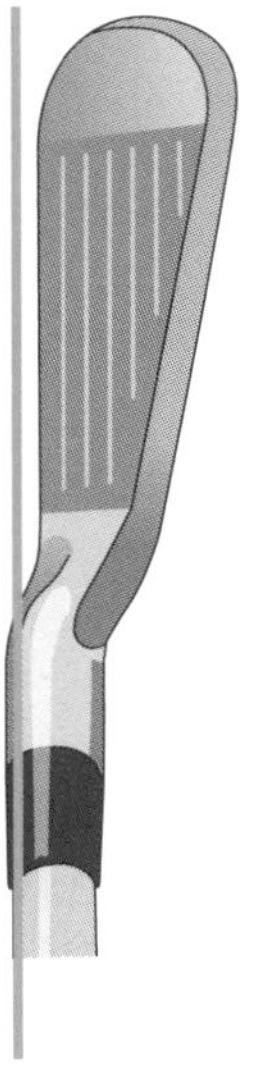

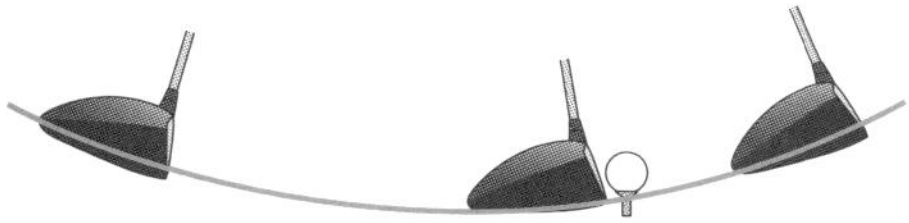

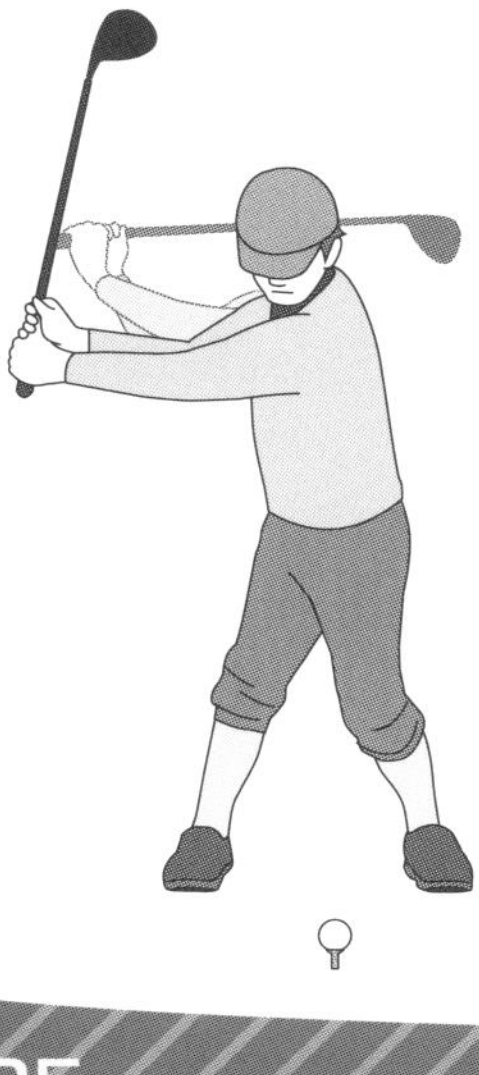

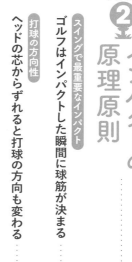

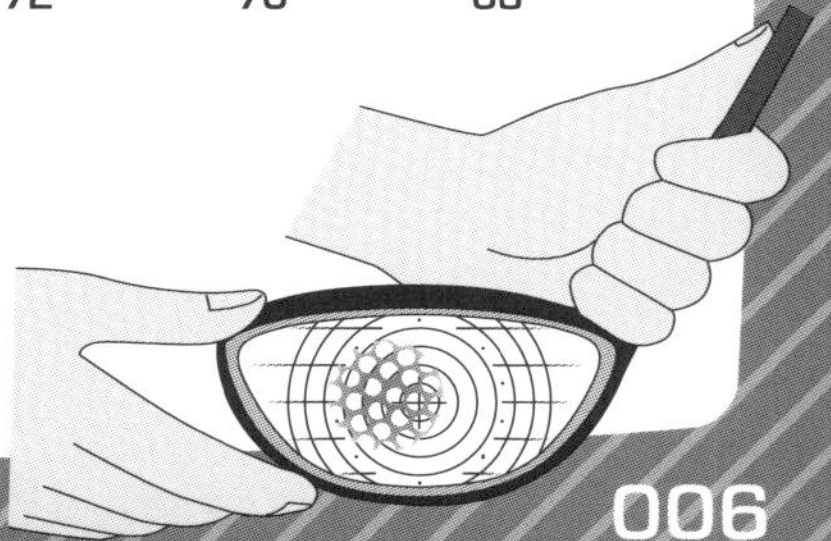

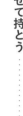

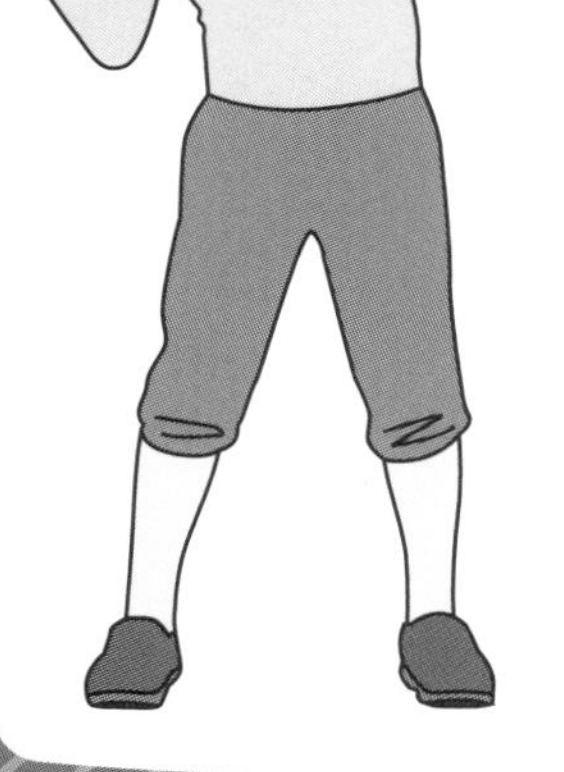

PART 1

ゴルフクラブを知る

ゴルフは道具を使って行うスポーツです。そのためゴルフクラブがどんなものなのか知らずに扱ってしまうと上手く操作することができません。クラブの特性や知識をまずはじめに覚えましょう。

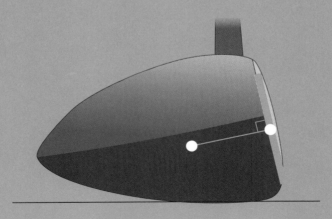

ゴルフクラブの偏重心特性を理解する

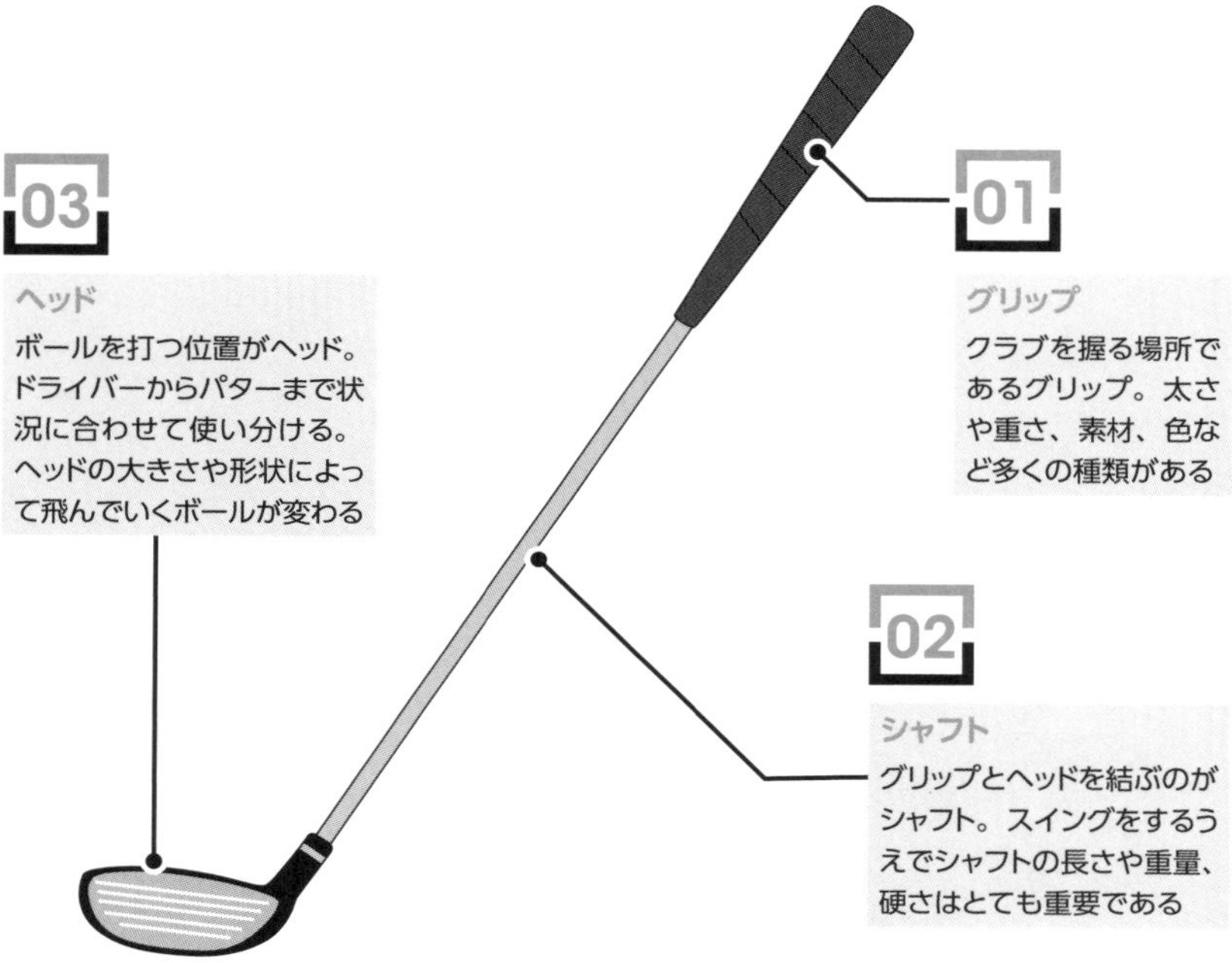
01
グリップ
クラブを握る場所であるグリップ。太さや重さ、素材、色など多くの種類がある
02
シャフト
グリップとヘッドを結ぶのがシャフト。スイングをするうえでシャフトの長さや重量、硬さはとても重要である
03
ヘッド
ボールを打つ位置がヘッド。ドライバーからパターまで状況に合わせて使い分ける。ヘッドの大きさや形状によって飛んでいくボールが変わる

重心コントロールが上達のカギ

ゴルフクラブはヘッドとシャフト、グリップが一緒になることでできている複合的な道具です。クラブがL字型になっているのは地面にあるボールを打つためであり、ボールを遠くに飛ばすために、シャフトはある程度長めになっています。

グリップを握ってクラブを振っていきますが、初心者はなかなか上手にボールを打つことができません。スイング（振り方）の問題はもちろんありますが、それよりもクラブの特性を知らないことが大きな原因です。

ゴルフクラブを正しく扱う（動か

04

重心はヘッドの中心とグリップエンドを結んだ線上にあり、それはゴルフクラブを指一本で支えたときにバランスが取れた位置の真横くらいに位置する

05

作用点

ボールを打つヘッドが作用点になる。テコの原理を使いヘッドを大きく速く動かしたい

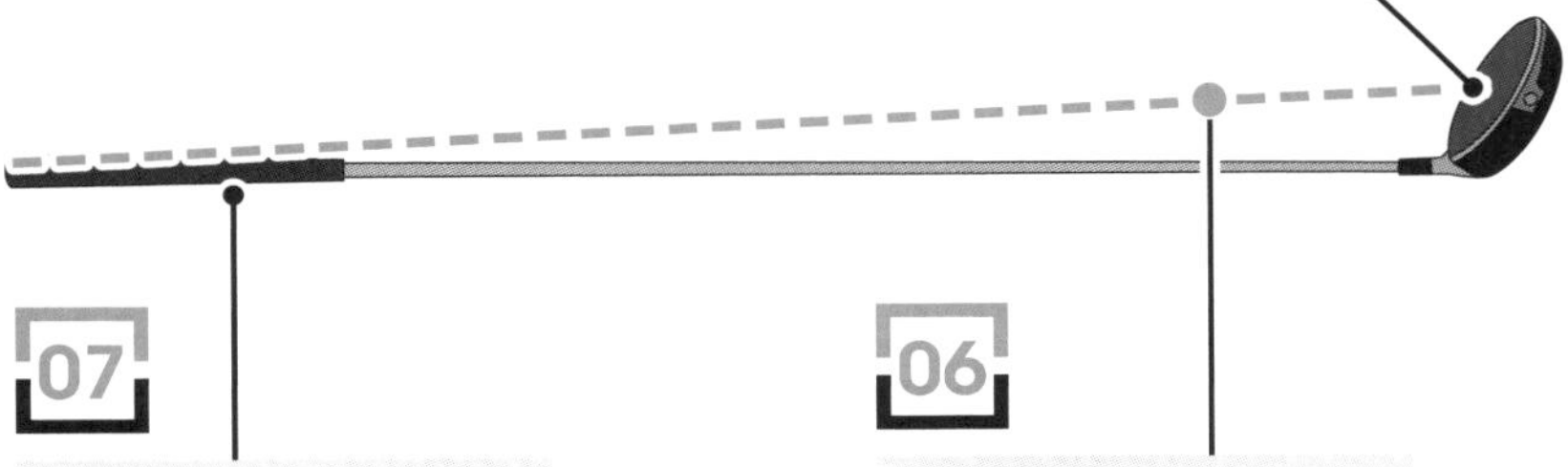

07

力点と支点

スイングにはてこの原理を使いたい。グリップに「力点」と「支点」が存在する

06

重心位置

ゴルフクラブ全体の重心位置は空中にある

す）には、クラブの重心位置がスイング中にどこにあるのかを知る必要があります。しかしゴルフクラブは偏重心構造と特殊な形のため、重心をコントロールすることが難しい。つまり、ゴルフ上達のカギとなるのはクラブの重心をどうコントロールできるかにかかっているのです。

重心をコントロールできるとクラブが物理的な動きを自然としてくれて、スムーズにボールを打つことができます。ゴルファーが余計な力を使うことなく、クラブの遠心力で効率よくインパクトまで導いてくれます。スイング時の体の使い方の前に、ゴルフクラブの特性を知ることが上達の近道と言えます。

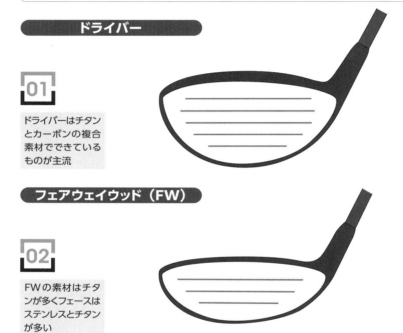

ドライバーからパターまで 14本のクラブを扱う

ドライバー

01

ドライバーはチタンとカーボンの複合素材でできているものが主流

フェアウェイウッド（FW）

02

FWの素材はチタンが多くフェースはステンレスとチタンが多い

自分のプレー特性も考えクラブを選ぶ

ゴルフは競技などでは15本以上のクラブを使ってラウンドしてはいけないとルールが定められています。どの場面でどのクラブを使用するかは自由ですが、それぞれクラブの特性を考えてチョイスするのが基本です。

まず、ドライバーはティショットで使用されます。ゴルフクラブの中でもっとも飛距離が出せるよう設計されており、1Wと表記されます。次にフェアウェイウッド（FW）がありますFWはドライバーよりヘッドサイズを小さくし、振り抜きが良くなるよう設計されています。主

ユーティリティ（UT）

03

UTはFWの素材とほぼ同じ。FWよりも扱いやすいようにヘッドも小ぶりだ

アイアン・ウエッジ

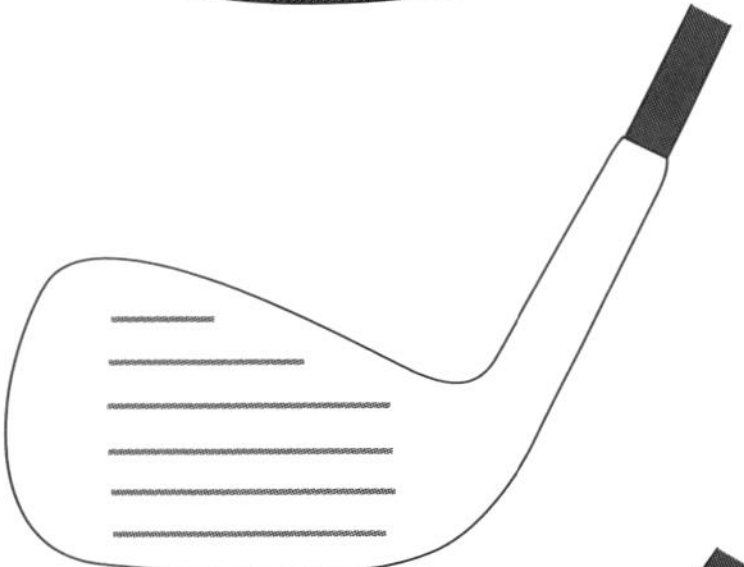

04

アイアンは軟鉄とステンレス素材が多い。軟鉄はボールの弾きが少ないためスピンがかかりやすく、ステンレスはボールの弾きがいいのでボールが上がりやすい

パター

05

パターのフェースはシリコン樹脂やステンレスを使い、打感やボールの弾きを変えている

に３Ｗ、５Ｗを使用されることが多いです。後ほど紹介するアイアンとＦＷの中間にあたるのがユーティリティ（ＵＴ）です。ＦＷより短いため芯に当てやすく操作しやすい特性を持っています。

アイアンは、ウッドよりもさらに正確に狙いやすいクラブ設計になっています。クラブの番手によって飛距離が変わります。アイアンの一種にウェッジがあります。グリーン周りのアプローチやバンカーで使用されます。ボールがグリーンに乗ったらパターの出番です。繊細なタッチが必要なために、打感やボールの弾き方など好みのパターを選べるよう各メーカーが多くの種類を出しています。

コントロールしやすいヘッドと飛びやすいヘッドの違い

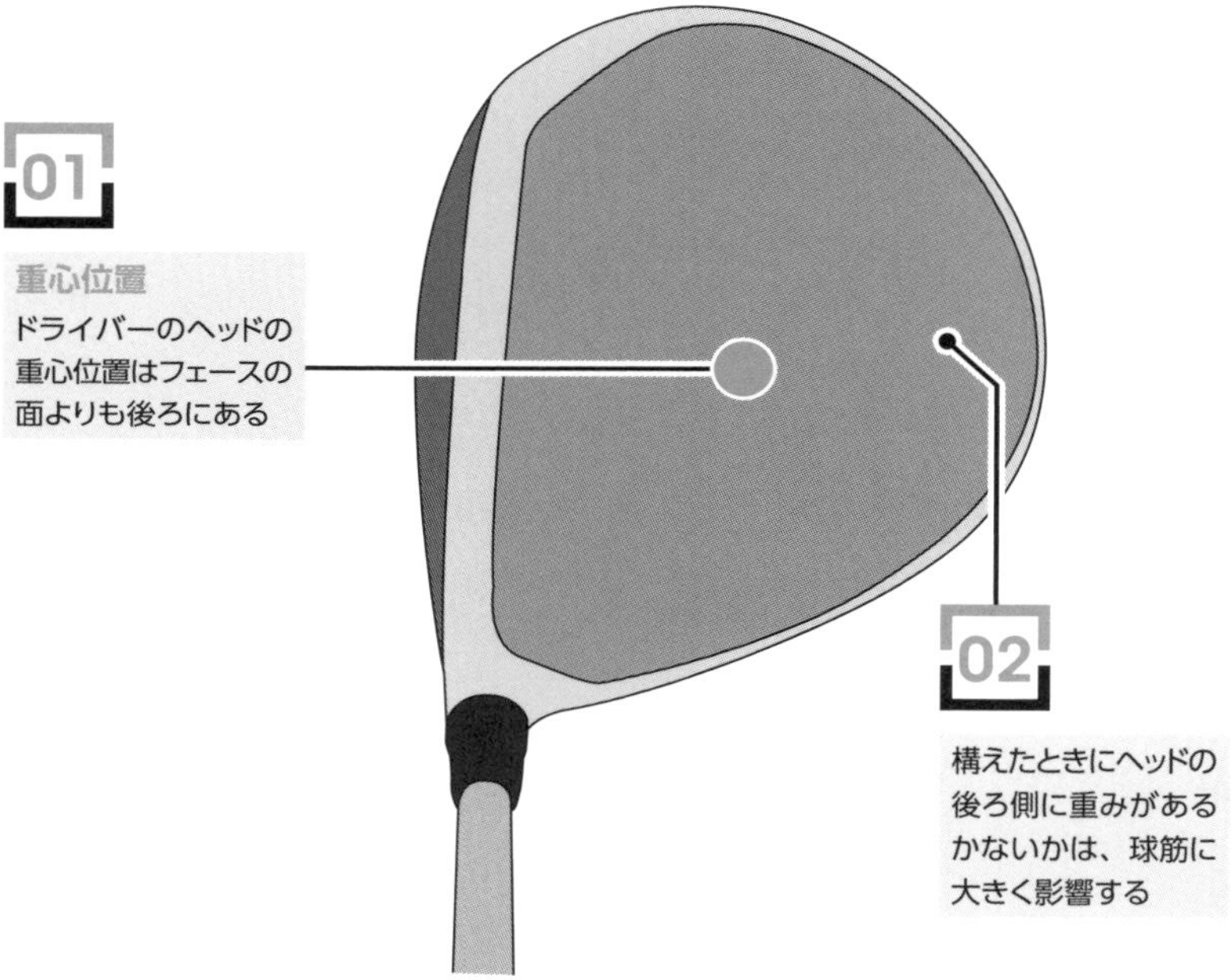
01
重心位置
ドライバーのヘッドの重心位置はフェースの面よりも後ろにある
02
構えたときにヘッドの後ろ側に重みがあるかないかは、球筋に大きく影響する

クラブ選びで知っておきたい知識

ここからは打球スピードやコントロール性から見たクラブヘッドの特徴を説明していきます。

まずはフェースの幅。フェースの幅が広ければ自ずとスイートスポットも広くなります。スイング中のフェースの向きも安定するためボールをコントロールしやすくなります。

次にヘッドの重量はボールスピードに関係します。ある程度の重さがあると、物理的に衝突に強くなるため初速が出やすくなります。ただし、重すぎるとヘッドスピードが落ち、軽いとヘッドスピードは上がります

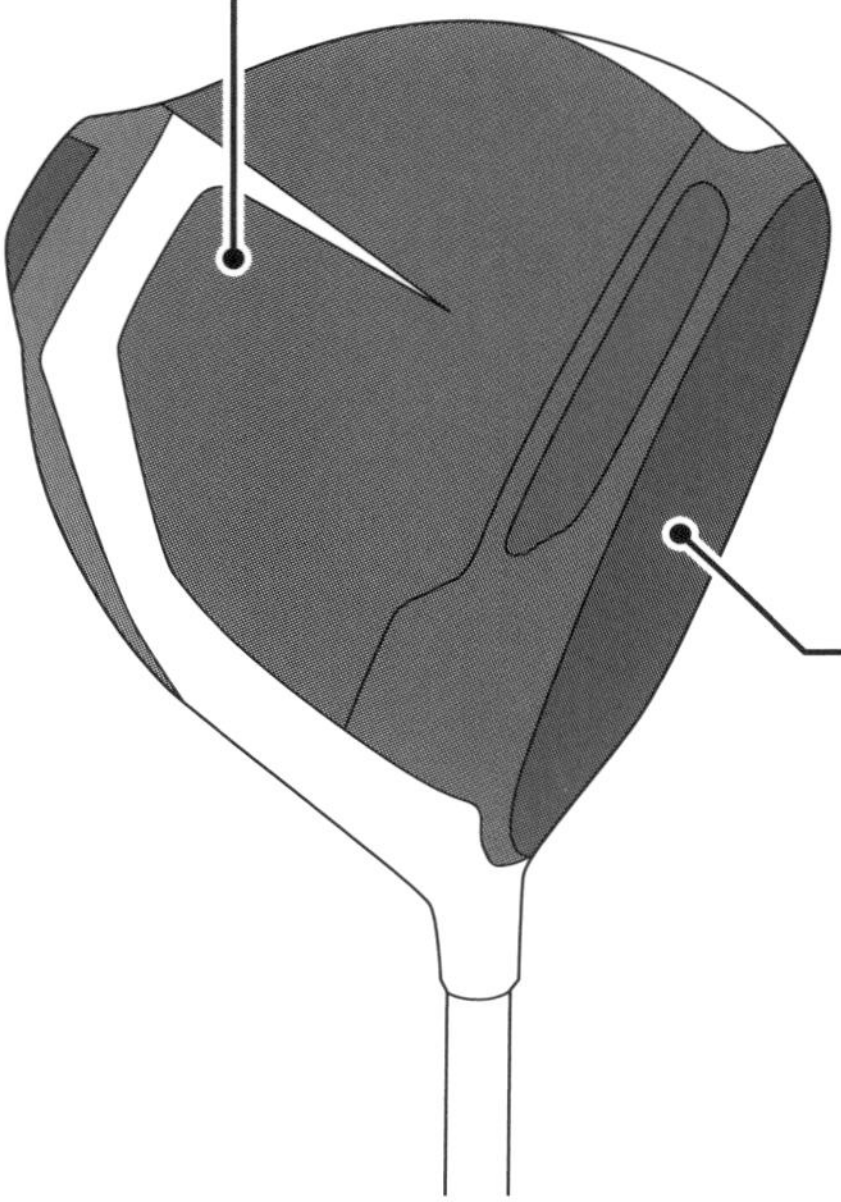
04
現在のヘッドはウエイト調整機能が付いたものが多く、重りの位置で重心位置を変えられ自分のスイングに合ったヘッドに調整できる
03
フェースは大きく、上下に薄いシャローフェースと厚みのあるディープフェースに分けられる。シャローフェースはボールが上がりやすいものが多く、ディープフェースはショットの高さを抑えやすいものが多い

がボールに当たった瞬間にヘッドが力負けして初速が落ちます。適切な重さを使うことはとても重要です。

ヘッドの厚みはボールの軌道に大きく関係します。ヘッドが後ろに大きくなればボールは上がりやすくつかまります。お尻とも言いますが、お尻が重いとロフトが増えてボールが上がります。そして、重心角（24ページ参照）が大きくなるためインパクトでフェースが左に向きます。左を向けばボールは右に飛びづらい。つまり、つかまりやすい設計というわけです。様々な特徴を持ったヘッドが多く出ていますが、これらの知識を知ったうえでクラブ選びをすることをおすすめします。

重いと軌道は安定するがヘッドスピードが出にくい

01

ヘッドスピードを上げるのならシャフトは長いほうがいい。コントロール性を高めるのなら短めのシャフトを選ぼう

02

ドライバーのヘッドスピードが40~42くらいなら50g代のシャフトを選ぶのが一般的。ただしプレーヤーの体力によってその重さは変化する

知っておきたい長さと重さと調子

シャフトは長さと重量、そして調子が重要です。長さは規格のなかで選びますが、一般的なドライバーは45・5インチ前後（2023年現在）です。シャフトは長ければ長いほど振ったときのスピードを出しやすいのですが、ヘッドの芯に当てるのが難しくなります。逆に短いと芯に当てやすいという特徴があります。

ドライバーのシャフトの重さは20g台からあります。重ければスイング軌道を安定させやすいですがヘッドスピードは出しづらくなります。逆に軽いとヘッドスピードは出ますがスイング軌道が不安定になりやすいです。およそ50g前後のシャフトが一般的です。

調子（キックポイント）はシャフトがしなる場所を言います。先調子、中調子、手元調子です。ゴルファーによって振ったときの結果が変わってきます。

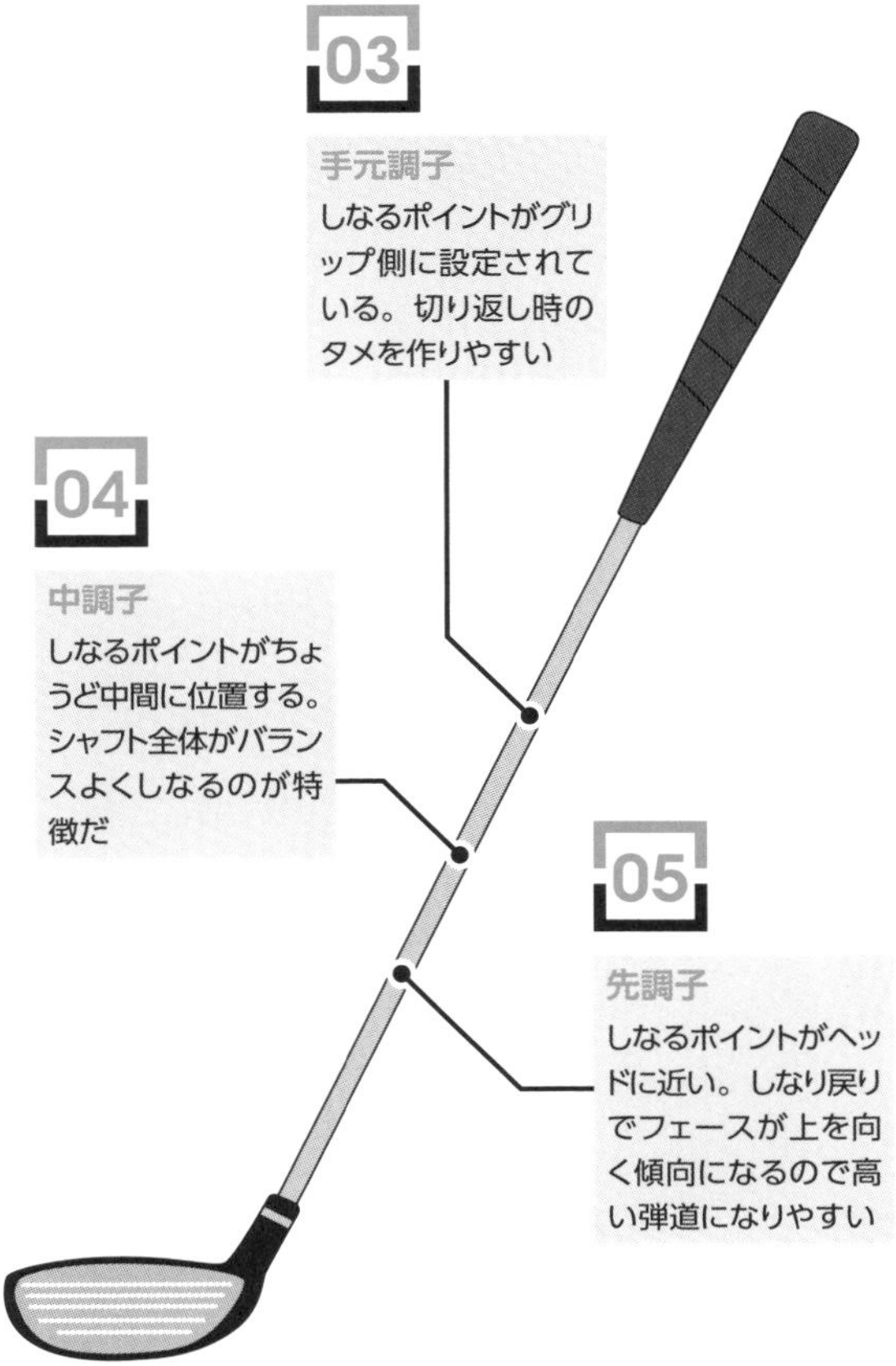
03
手元調子
しなるポイントがグリップ側に設定されている。切り返し時のタメを作りやすい
04
中調子
しなるポイントがちょうど中間に位置する。シャフト全体がバランスよくしなるのが特徴だ
05
先調子
しなるポイントがヘッドに近い。しなり戻りでフェースが上を向く傾向になるので高い弾道になりやすい

シャフトには「しなり」と「ねじれ」がある

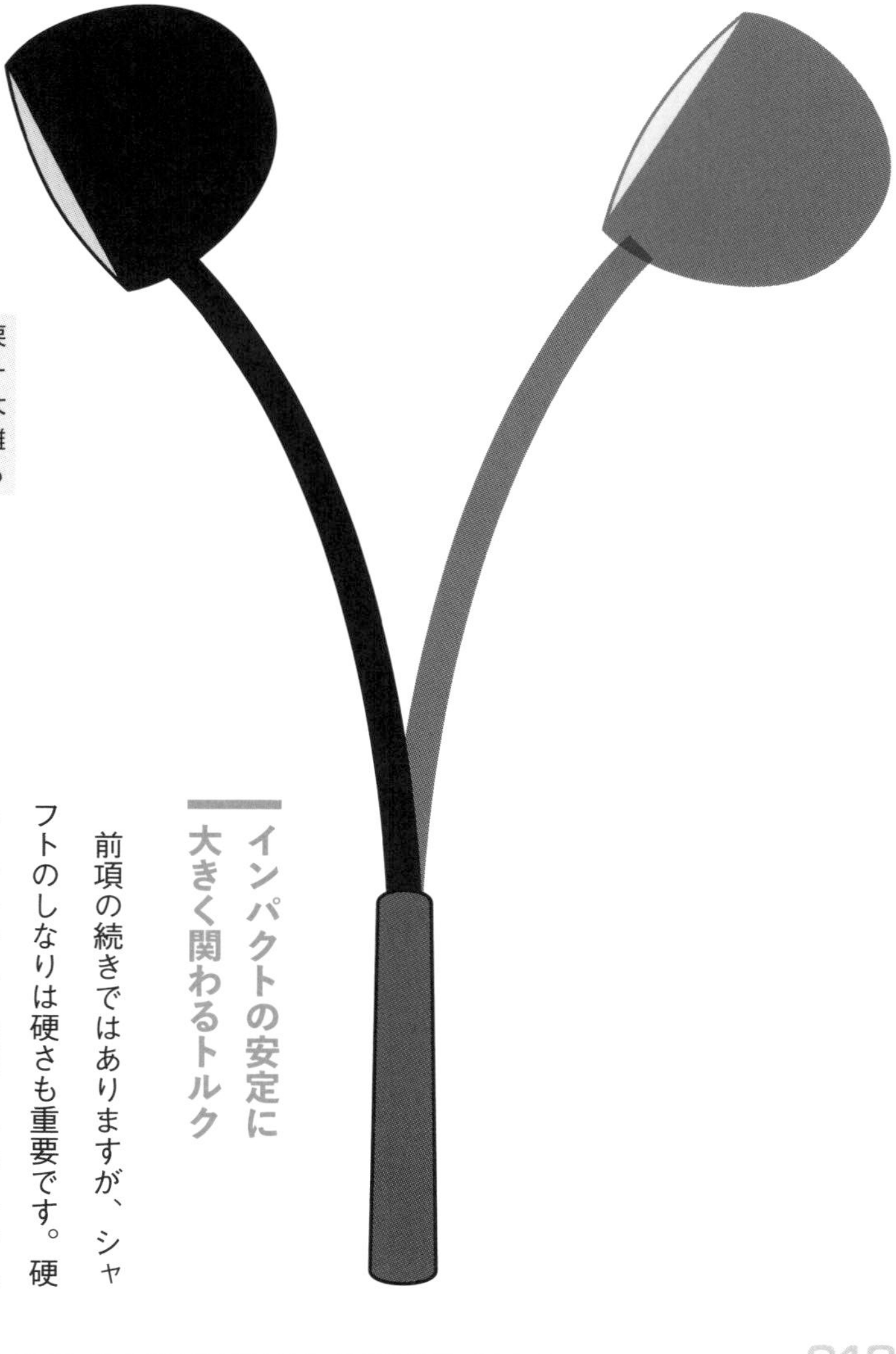

01

シャフトがしなって戻ることでヘッドスピードが出る。しなる大きさによって飛距離や安定度に関係する

インパクトの安定に大きく関わるトルク

前項の続きではありますが、シャフトのしなりは硬さも重要です。硬いものは「X」と表記され「S」「R」「A」「L」という順番にしなりやすくなっていきます。しなりやすいというのはシャフトの反動が使いやす

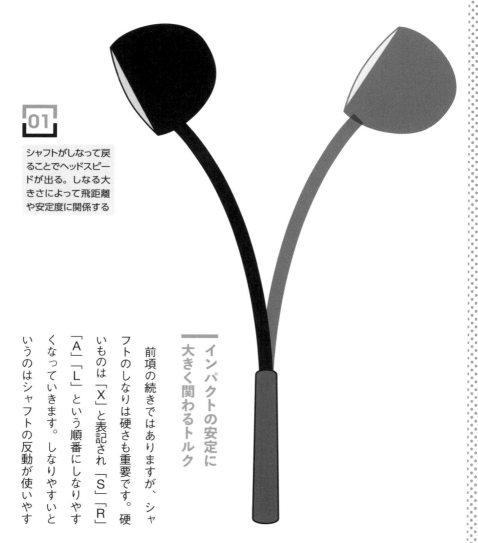

Topics
ヘッドとシャフトをつなぐソケット

ヘッドとシャフトをつなぐパーツがソケット。ソケットには長いものと短いものがあり長いほうがしっかり固定できるが、若干硬く感じられるためシャフトのしなりが少なくなる。ヘッドを自分で脱着できるものもありとても便利だ。

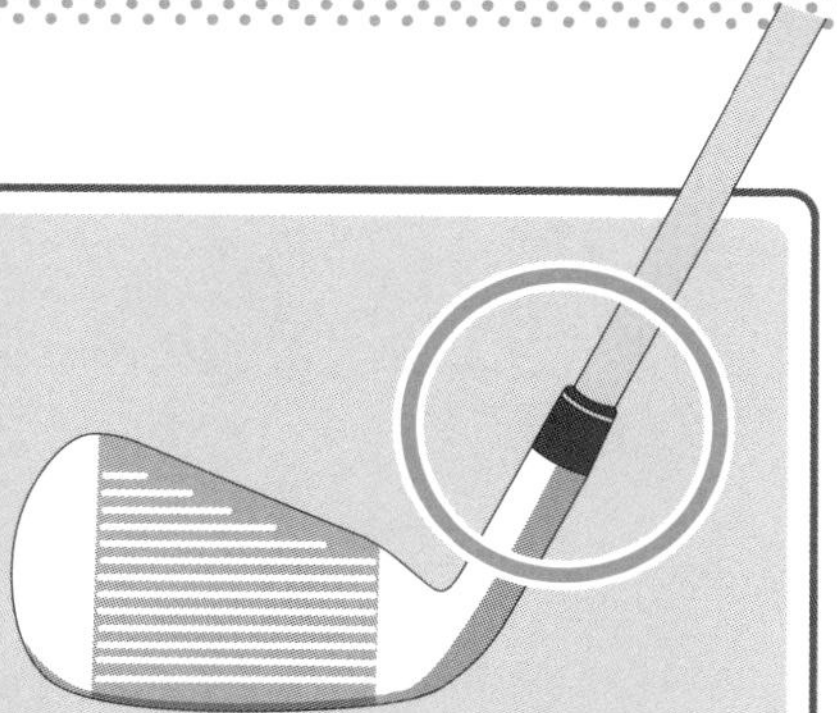

く、しなり戻りでのスピードが出ます。「パワーのある人が硬いシャフト、パワーのない人が柔らかいシャフトを使う」と一般的には言われますがそうでもありません。パワーがあっても柔らかいクラブで飛ばすゴルファーもいれば、パワーがなくても硬いクラブで方向性を重視することもあります。しなりをどのように利用するかとても大事になります。

またシャフトにはしなりだけでなく「ねじれ」があります。トルク「10」はねじれが大きく、トルク「1」はねじれが少ないということです。

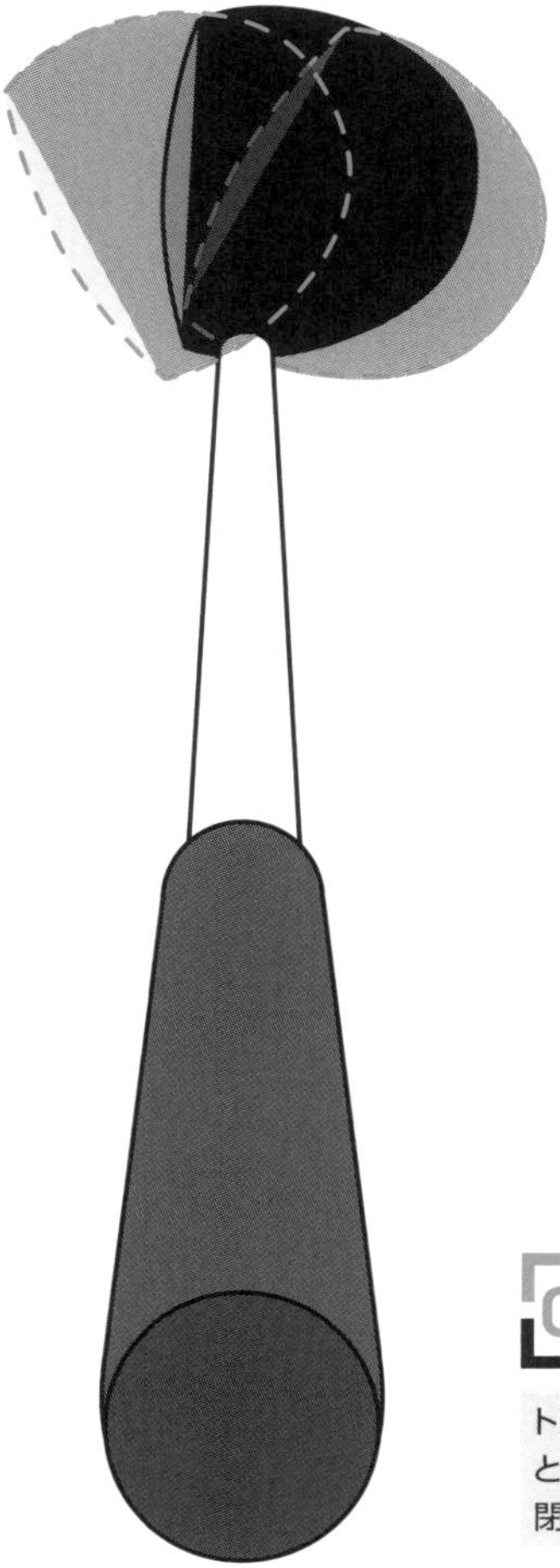

02

トルクが大きいとフェースの開閉が大きくなる

グリップにあるバックラインは握るときのガイドになる

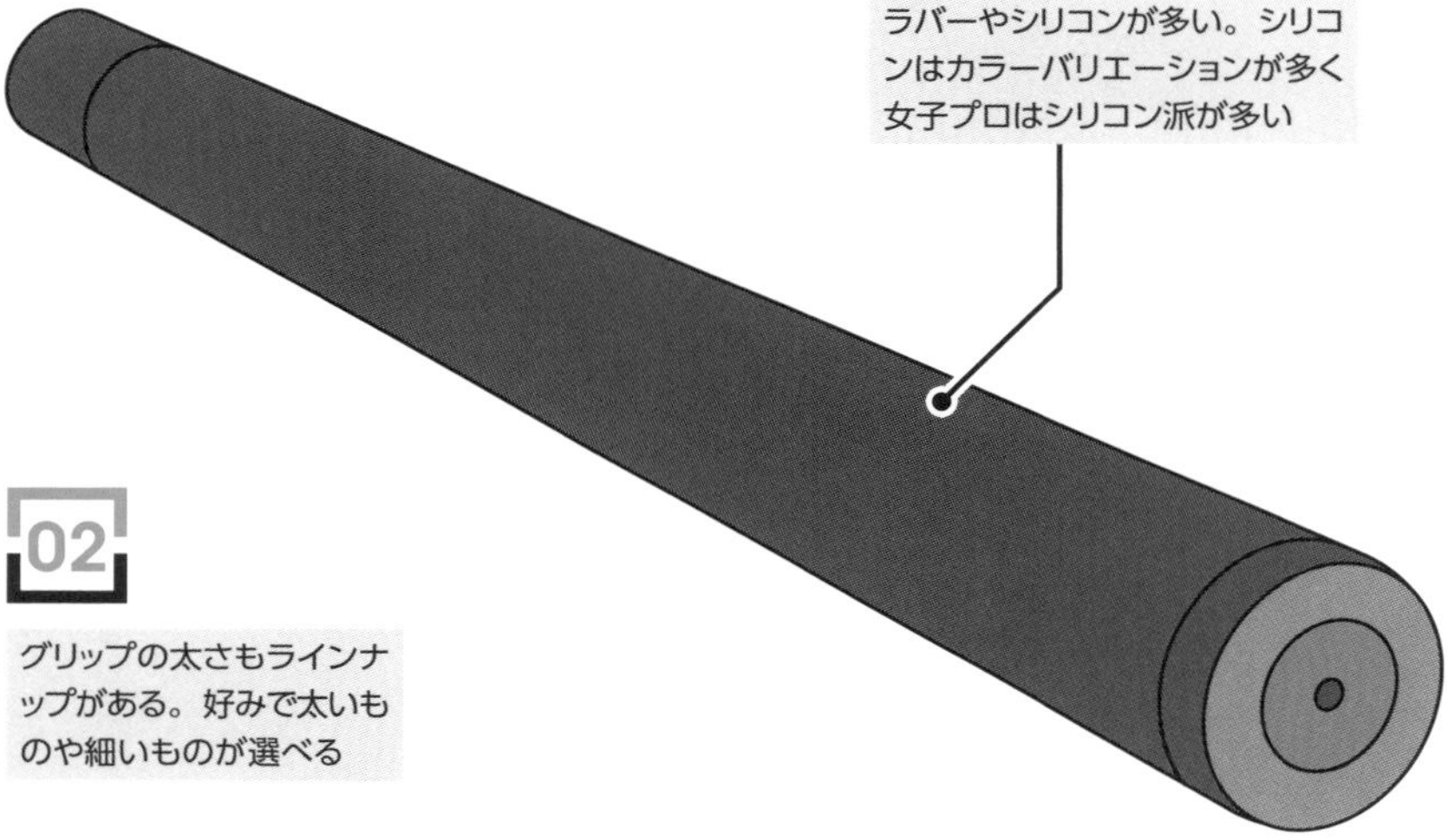
01
ラバーやシリコンが多い。シリコンはカラーバリエーションが多く女子プロはシリコン派が多い
02
グリップの太さもラインナップがある。好みで太いものや細いものが選べる

素材は感触優先かオシャレ優先か

グリップは大きくバックラインがあるものとないものに分けられます。バックラインとは、グリップの後ろ側にある突起です。フェースに対してスクエアに設定されていますので、構えたときにフェースの向きがスクエアかどうかが感触でつかめます。

グリップに使われるシリコンとラバーは、それぞれ特徴が異なります。まずシリコンは柔らかく、滑りにくくて耐久性に優れています。また、耐候性が高く紫外線や化学薬品にも強いため、長期間使用する場合に優れた選択肢となります。ただし柔らかい素材のため、グリップ力に不安がある場合はラバーよりも向いていない場合があります。

一方、ラバーグリップはシリコンよりもグリップ力が強く、手にしっかりとフィットする感覚があります。シリコンに比べてやや硬めで、クラブの振りやすさを追求する方には好まれます。どちらのグリップを選ぶかは、個人の好みによって異なります。シリコングリップは長期間使用する場合に、一方でラバーグリップはグリップ力が強く硬めなのでクラブの振りやすさを求めるゴルファーに向いています。

グリップにもトルクがあり、トルクが大きく柔らかく感じるものと、トルクが少なく硬く感じるグリップがあります。重量は軽いもので30g、重いもので60gですが平均は50g前後です。現在はグリップのウエイト調整ができるものが出てきています。グリップエンドに重りを入れることでクラブ全体の重心の位置を変えられ、振り感を変更できます。従来はヘッドでしか調整ができなかったのでとても画期的です。グリップ側が重いとグリップの軌道が安定しやすくなります。

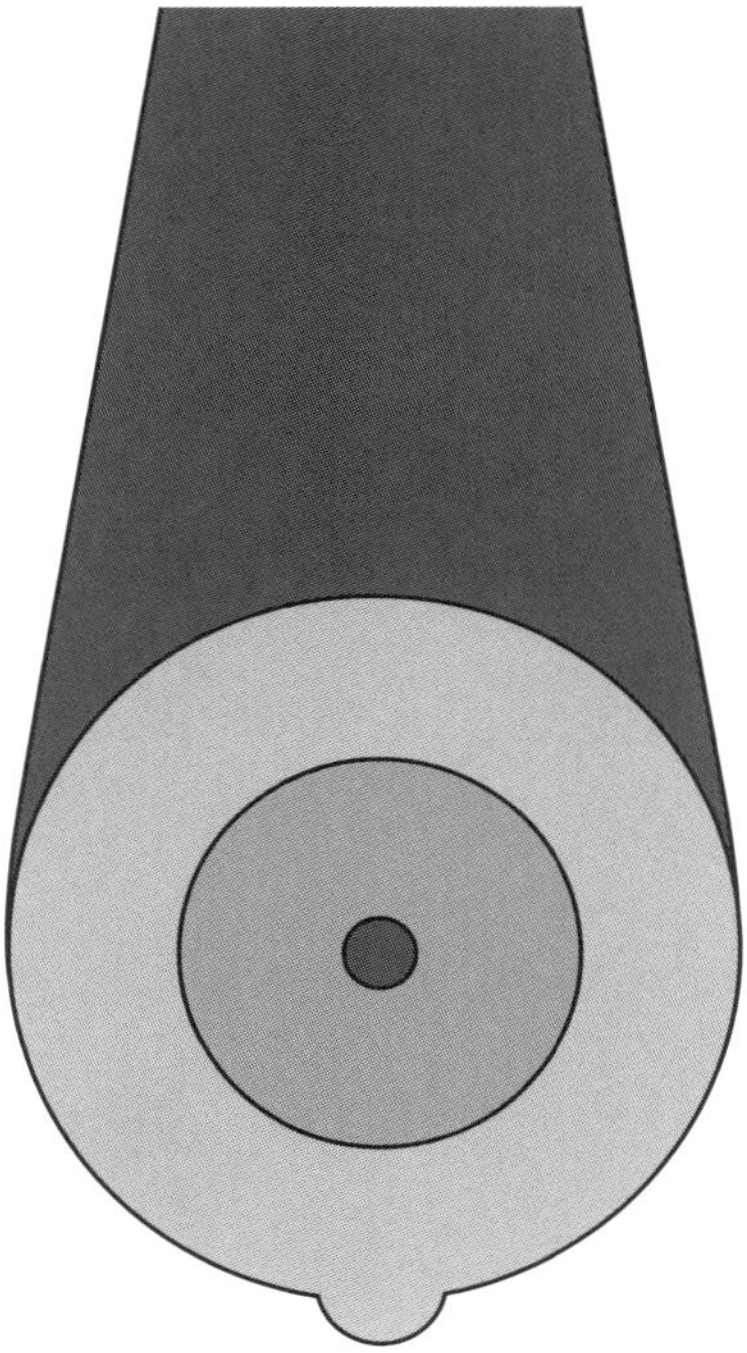

03 バックラインは上図のようにグリップの後ろ側が盛り上がっている形のもの。このバックラインがあることでグリップが安定しやすくなる

クラブセッティングの重量フロー

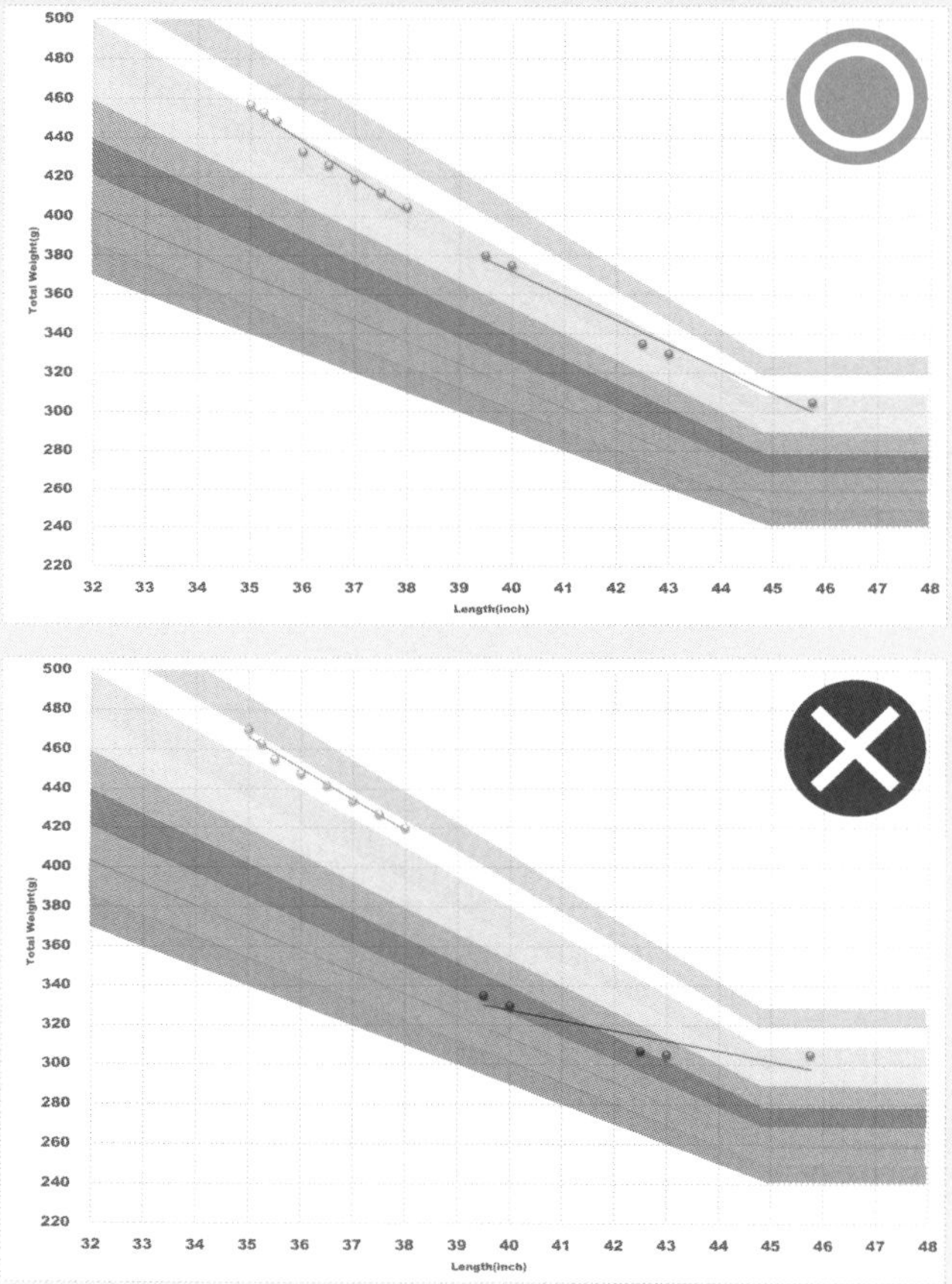

ゴルフクラブの全体重量

14本のクラブの全体重量の流れが大事

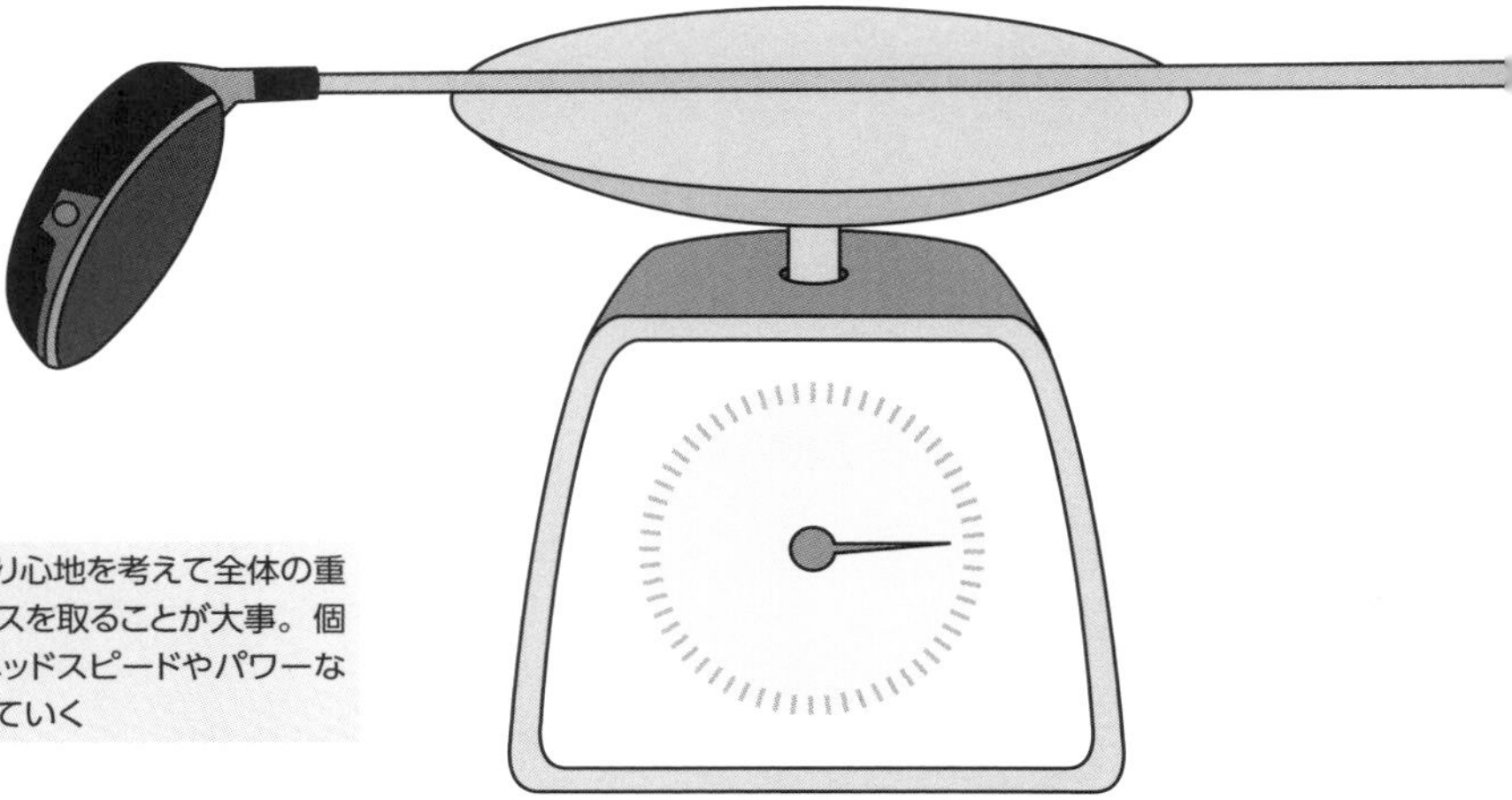

01

クラブの振り心地を考えて全体の重量のバランスを取ることが大事。個人個人のヘッドスピードやパワーなどで調整していく

1クラブの重量差は10gを基準に考える

ゴルフは状況に合わせてドライバーからウエッジ（パターは除く）までを使い分けてプレーします。シャフトがもっとも長いドライバーが一番軽く、シャフトが短いウエッジが一番重く、ドライバーでおよそ300gくらい、サンドウエッジで450gくらいです。この300～450gの間で、他のクラブの重量をバランス良く調整して合わせること。これがクラブを揃えるときにとても大切です。ドライバーからFW、UT、アイアンと一式揃えたときに、同じメーカーだからと全体重量の流れが揃っていると思ってしまうのは危険です。シャフトの素材や種類が違ったりすると重量バランスは崩れます。多いのは、FWやUTだけ軽すぎるゴルファーです。ゴルフは1球1球クラブを変えていきます。ドライバーはとても上手くスイングできたのに、2打目のFWやUTを振ったときに軽すぎてしまい手元が浮いてしまうのがトップやダフりとなる原因です。

1クラブの重量差の平均は10gが基準です。FWやUTはドライバーと同じシャフトを入れるケースが多いですが、それだと軽くなってしまうことが多いので少しだけ重いシャフトにするのが良いでしょう。

重心位置と重心角が打球や操作性に影響する

01

ヘッドの重心が深いか浅いかで重心深度が変わる。重心深度によってボールの直進性やクラブの操作性など特徴が分かれる

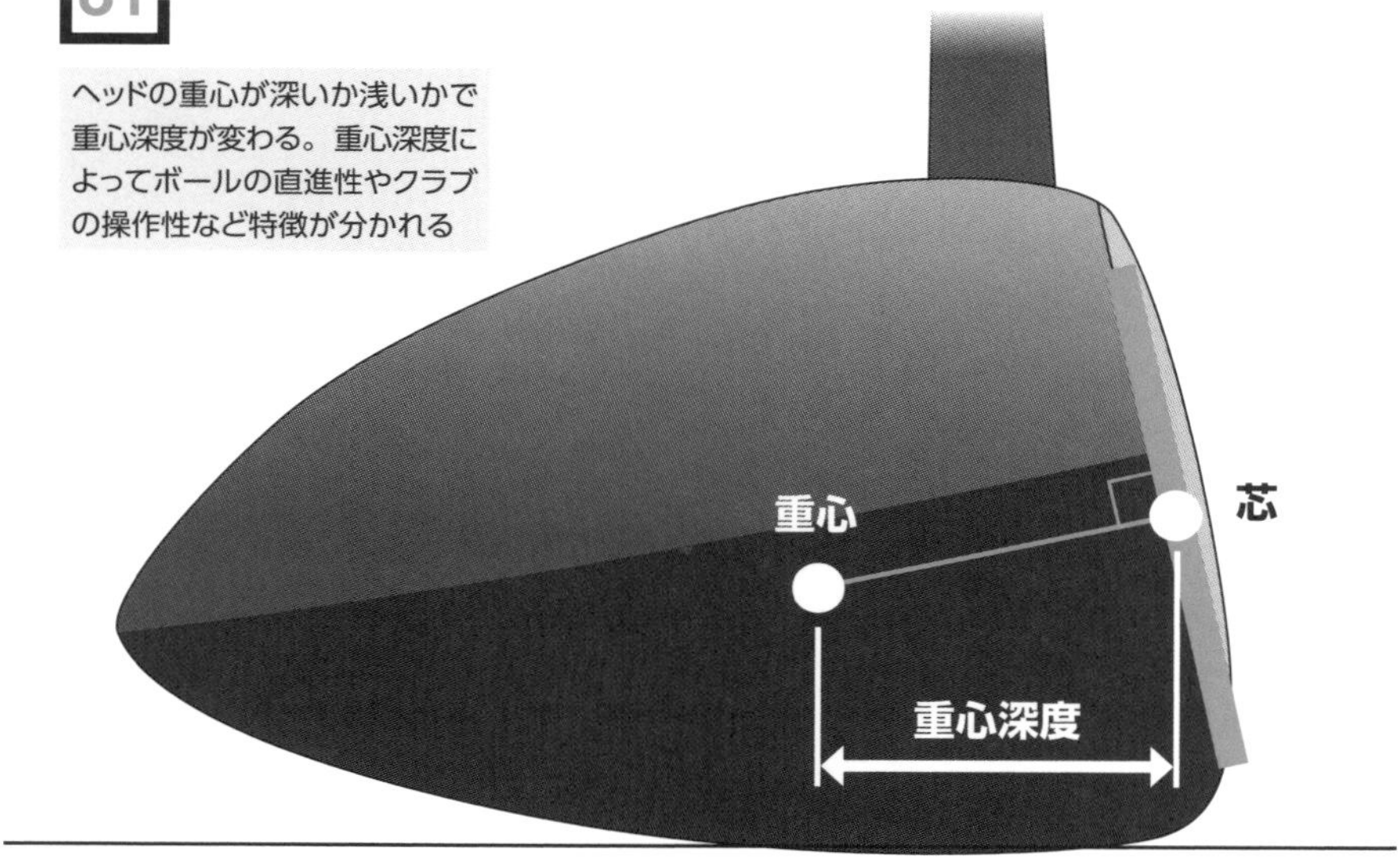

つかまりの良いヘッドと操作性の良いヘッド

14ページでも説明しましたが、ヘッドの重心が後ろにあるほどボールのつかまりが良くボールが上がりやすくなります。近年のドライバーは重心深度が深いと言われます。重心深度とは重心からフェース面までの距離で、これが深いほどつかまり上がりやすい打球になります。また、重心が深ければ深いほどヘッドの慣性モーメントが高くなるためインパクトでブレにくく直進性が良くなります。逆に浅重心のヘッドは動かしやすくボールを曲げやすいと言われます。浅重心のクラブを好む上級者もいます。

02

シャフトからフェースの重心までを結んだ距離が重心距離

03

シャフトを机に置いたときにヘッドが垂れ下がる。このときにフェース面が上を向く度合いが変わる。シャフトの延長線とフェース面の角度を重心角という

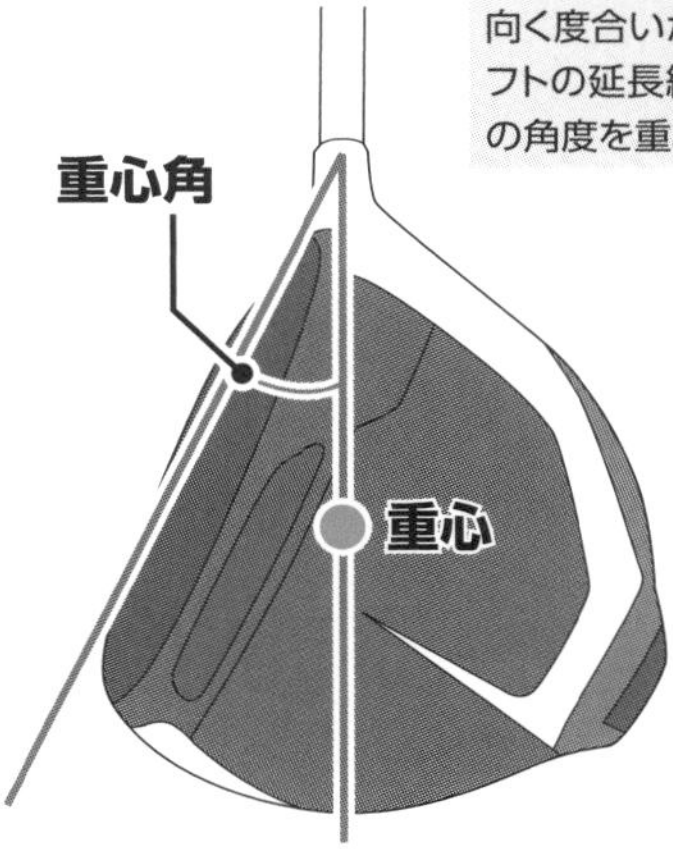

☑重心距離が長く重心角が大きいヘッド
➡スイートスポットが広めな大型ヘッド

☑重心距離が短く重心角が小さいヘッド
➡ヘッドが小さくスイートスポットが狭い

☑重心距離が短く重心角が大きいヘッド
➡ボールがつかまりやすい

☑重心距離が長く重心角が小さいヘッド
➡ボールを引っ掛けにくい

また、操作性を左右するものに重心距離があります。フェースの重心とシャフトを結んだ距離のことですが長いと操作性が悪くなります。現在のヘッドは大型化されています。大きいヘッドは重心距離が長いものが多くヘッドが返りづらいですが、重心距離が長いヘッドはスイートスポットも広くなるためインパクトが安定しない初級者におすすめです。

ボールのつかまりに左右するものに重心角があります。重心角はヘッドが垂れ下がる状態でフェース面が上を向く度合いが大きいものほど重心角が大きくなる。重心角が大きいヘッドはフェースを返す力が大きいためボールのつかまりが良くなります。

知っておきたい ゴルフクラブの予備知識

ソール

ソールとはクラブヘッドの底のこと。ソールが薄いとボールに直接コンタクトしやすく、ソールが広いとインパクトで手前に入ってもボールを拾いやすくなる

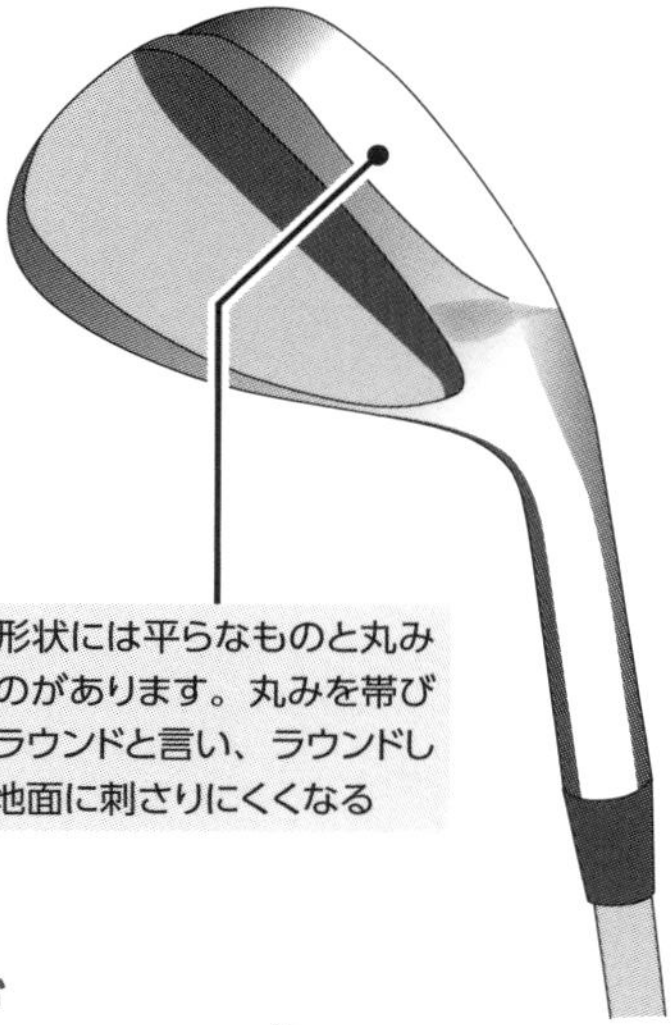
ソールの形状には平らなものと丸みがあるものがあります。丸みを帯びたものをラウンドと言い、ラウンドしていると地面に刺さりにくくなる

メッキ仕上げ・ノーメッキ仕上げ

プロはノーメッキの使用頻度が高い。その理由はスピンがかかりやすいからだ。メッキありは錆びにくく溝が減りにくいので長持ちする。最近はメッキのスピン性能が良くなってきたのでプロでも増えてきている

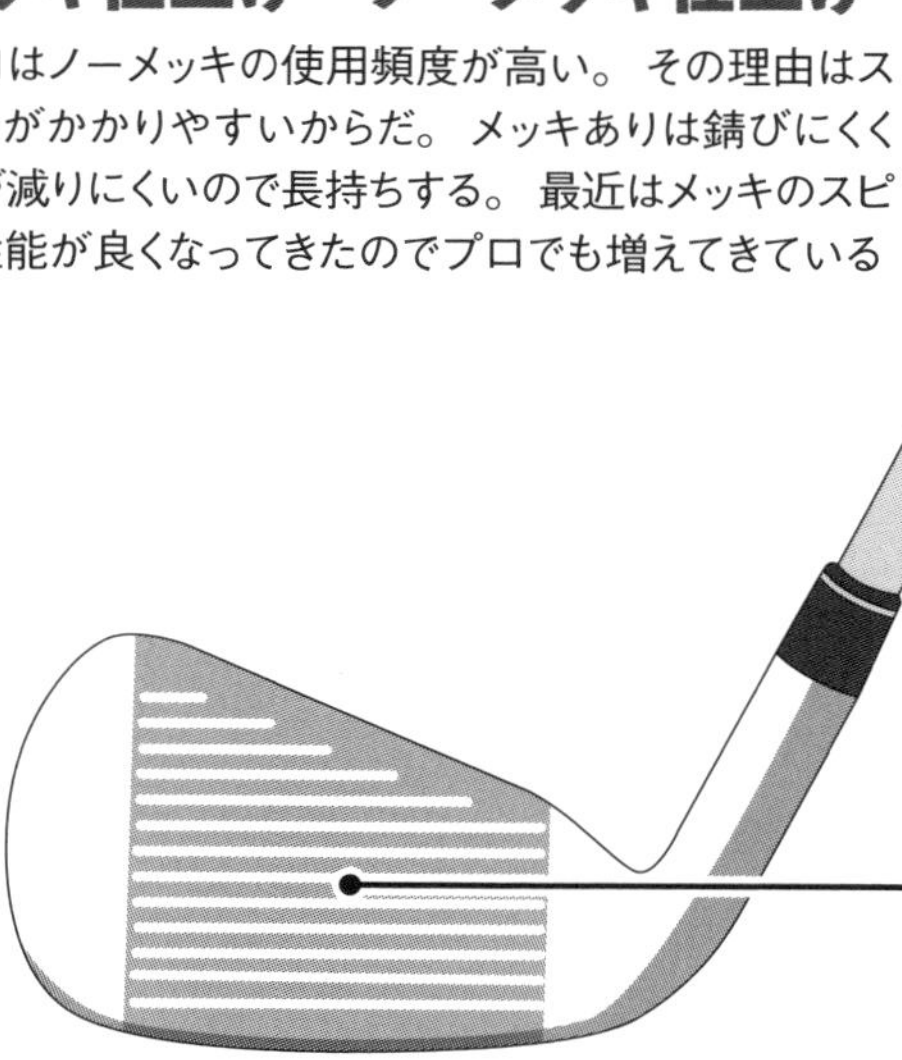
アイアンやウエッジにはメッキ仕上げとノーメッキ仕上げがある。メッキのほうが打感を硬く感じボールの弾きも強くなる。ノーメッキはボールがフェースにくっつく時間が長くなるので柔らかく感じる

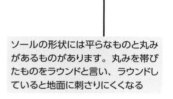

バウンス角

ソール中央の面と水平線がなす角度をバウンス角という。 バウンス角が大きいほうが地面を滑るようにヘッドが進む。 しかしバウンス角があるとボールと地面の隙間に刃を入れづらくなる

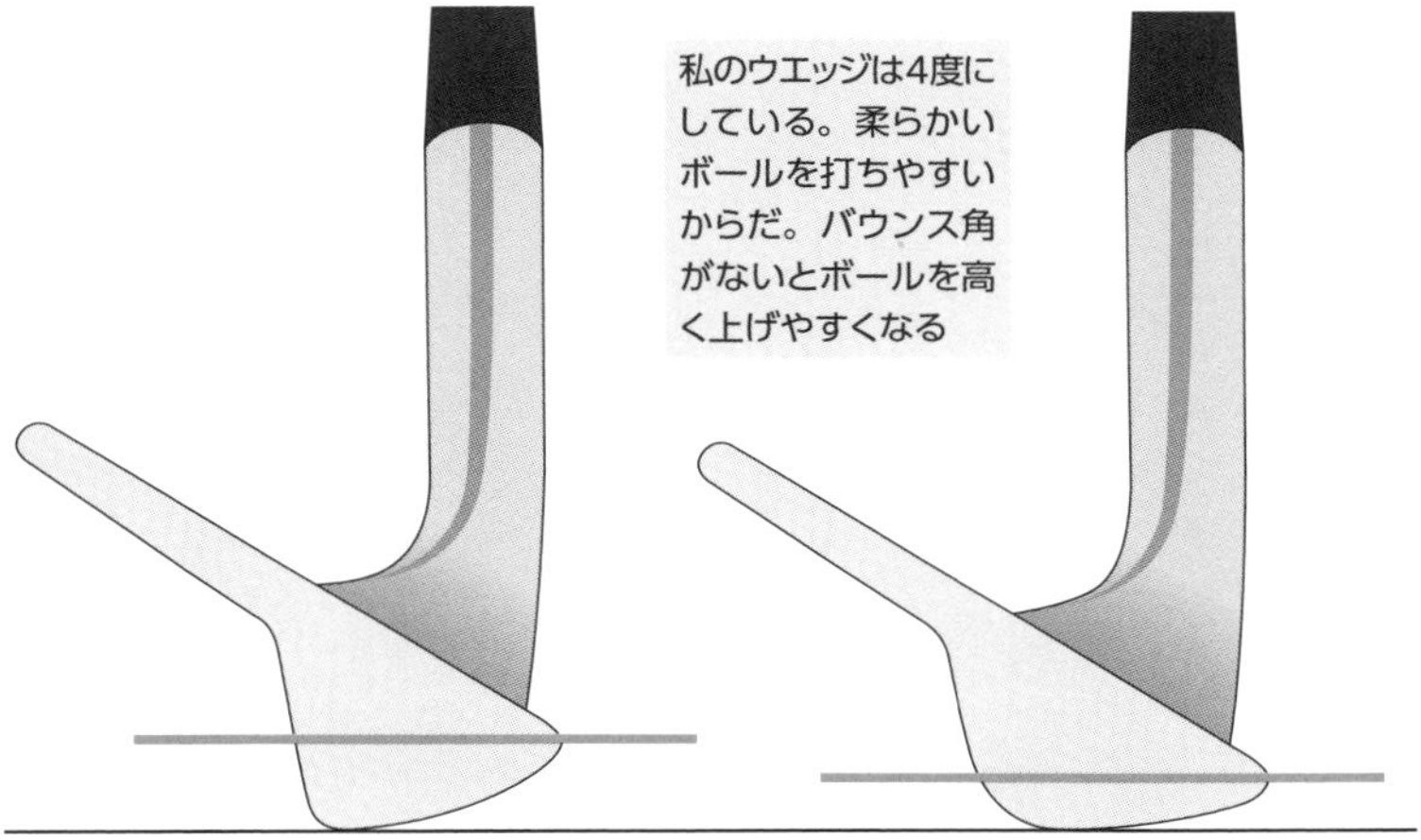

私のウエッジは4度にしている。柔らかいボールを打ちやすいからだ。バウンス角がないとボールを高く上げやすくなる

グースネック・ストレートネック

シャフトに対してフェース面が後ろにくる形状のことをグースネック。まっすぐな形状をストレートネックという

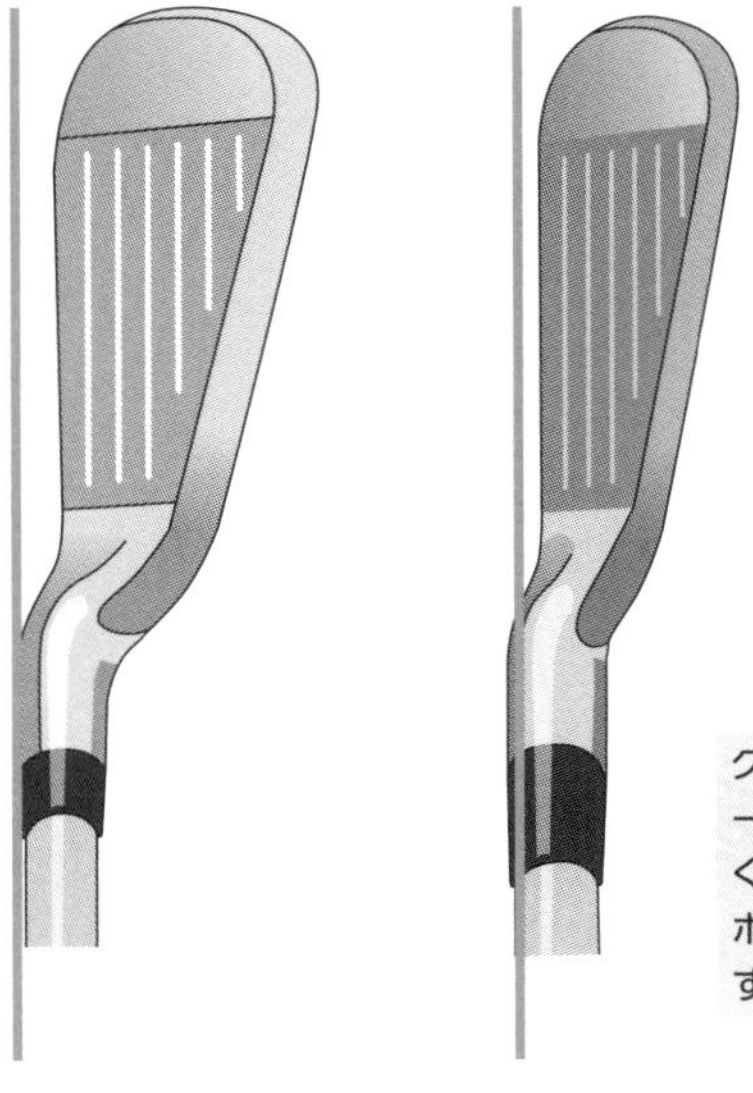

グースがあるとボールが低く出やすく、ストレートはボールが上がりやすい特徴がある

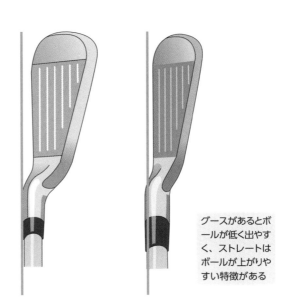

Summary
まとめ

ゴルフクラブの特性と種類

ゴルフクラブの特性と種類

ゴルフクラブはヘッドが重いため全体の重心位置がシャフトの真ん中ではなくヘッド寄りにある。 この重心をどうコントロールできるかがクラブ操作のポイントの1つだ。

状況別に14本のクラブを使う

ドライバー、 フェアウェイウッド、 ユーティリティ、 アイアン、 ウエッジ、 パターを使う。 ルール上、 この中から14本のクラブを自分のゴルフスタイルや状況に合わせて選択する。

ヘッドとシャフトの特徴

ヘッドは飛びやすいものやコントロール性のあるものなど様々な種類がある。 そのヘッドに自分のスイングに合ったシャフトを選ぶ。 シャフトはしなりやねじれの硬さがあり、 インパクトの安定度に関わる。

グリップの特徴

クラブを持つグリップはゴルファーがプレーしやすいように工夫が成されている。 素材は感触優先かオシャレを優先するか、 柔らかいもの、 硬いものなどたくさんのグリップが選べる。

クラブの全体重量

選んだ14本のクラブの全体重量の流れを合わせることでミスショットを軽減できる。 使っているドライバーからウエッジまでのフローを一度確認しよう。

PART 2

インパクトの原理原則

ゴルフスイングで一番重要なのがインパクトです。なぜならボールをインパクトした瞬間に球筋が決まるからです。インパクトによって打球の結果は変わります。ここでは様々なインパクトとその球筋を紹介します。

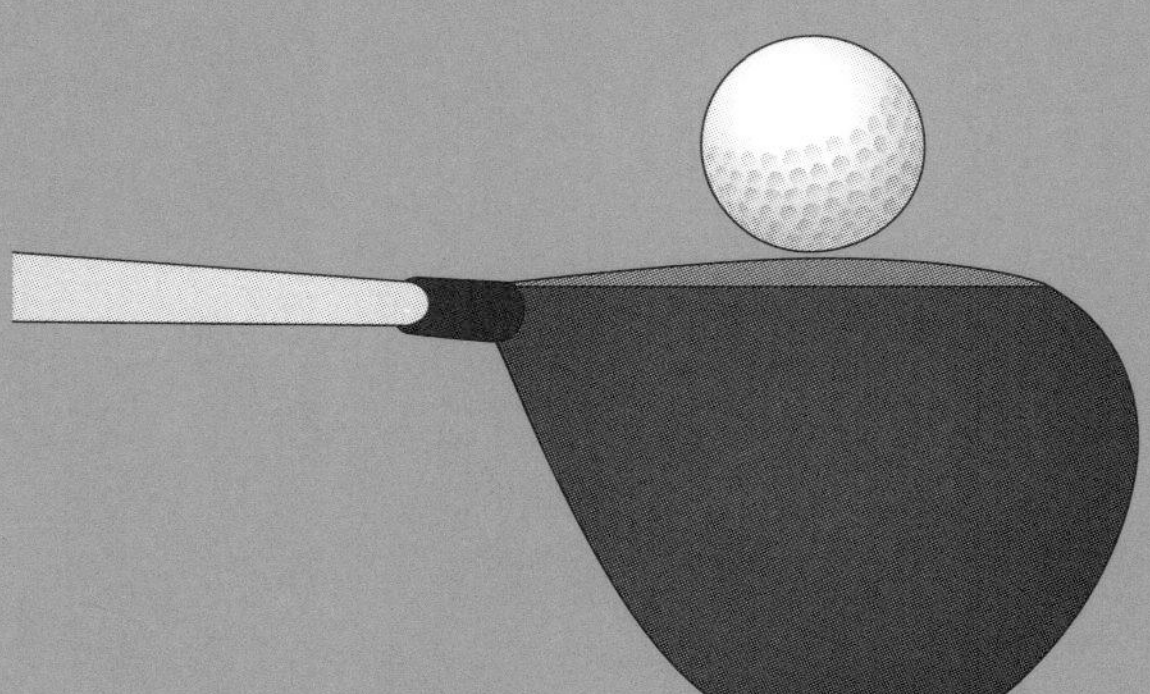

スイングで最重要なインパクト

ゴルフはインパクトした瞬間に球筋が決まる

ほぼフェースの向いた通りにボールは飛ぶ

テイクバックから切り返しをしてダウンスイング、インパクトを迎えてフォローにフィニッシュ。ゴルフスイングはこれらの動作から成り立っていると言われています。確かにそれは間違いありませんが、これらが理想的でも、インパクトでフェース面が大きく開いたり閉じたりしていたら、ボールはまっすぐ飛びません。インパクトした瞬間に球筋が決まる。それがゴルフなのです。

ボールをインパクトした瞬間にフェースがまっすぐならそのまままっすぐ飛びますし、フェースが右に向いたら右に飛び、フェースが左を向いたらそのまま左に飛びます。まずはこの原理原則を知っておいてください。インパクトの原理原則を知らないと、PART3以降のゴルフクラブの扱い方、正しいクラブの動きにつながりません。

また、インパクトにも距離があり、ボールがフェースに当たる瞬間と、当たってから離れる瞬間があります。ボールが当たった瞬間にフェース面がまっすぐになったとしてもフェースの先っぽに当たるとボールが飛び出すときには開いて右を向く現象が起きます。つまり、ボールが飛び出す瞬間にフェース面がどこを向いているのかは何よりも重要になるのです。

01

ゴルフはインパクトした瞬間に球筋が決まる。ボールにフェースがまっすぐ当たればストレート。右を向けば右、左を向けば左に飛ぶ

ヘッドの芯からずれると打球の方向も変わる

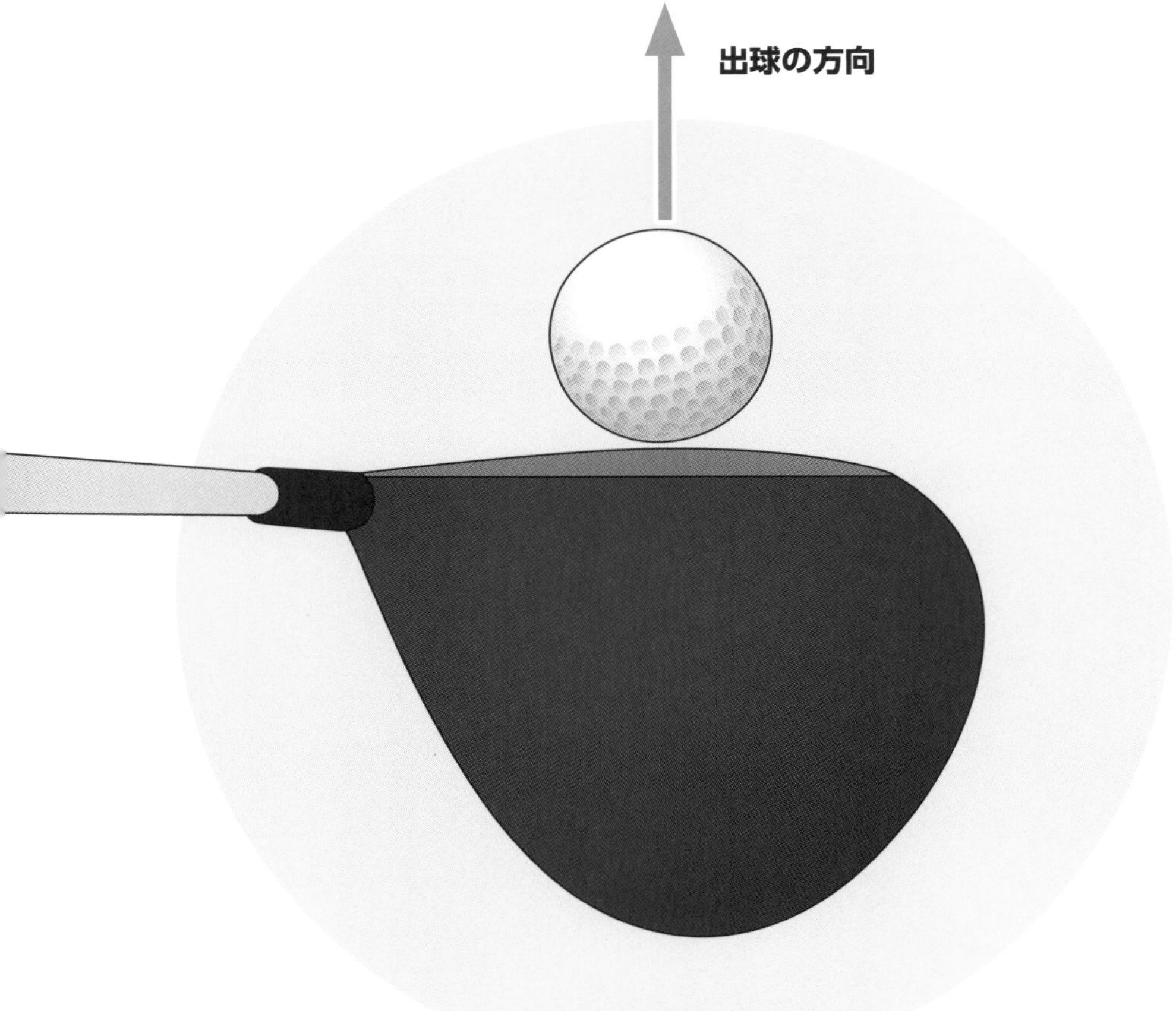

01

ヘッドの芯でボールを捉え、フェースがまっすぐなら出球はそのまままっすぐになる

手に伝わる感触も上達するために必要

前項から説明しているフェースの向いた通りにボールが飛び出すインパクトの原理原則ですが、これはヘッドの芯に当たることが前提です。芯をずらして当たるとボールの飛び方は変わります。ヘッドの先っぽ（トー）に当たるとフェースが開かされて右に飛び、ヒール寄りに当たるとフェースがかぶって左に飛びます。トーに当たるとある程度の抵抗があり手が重たく感じ、ヒールに当たると軽い感触です。フェースのどこに当たったか、手に伝わる感触を知ることも上達には必要なことです。

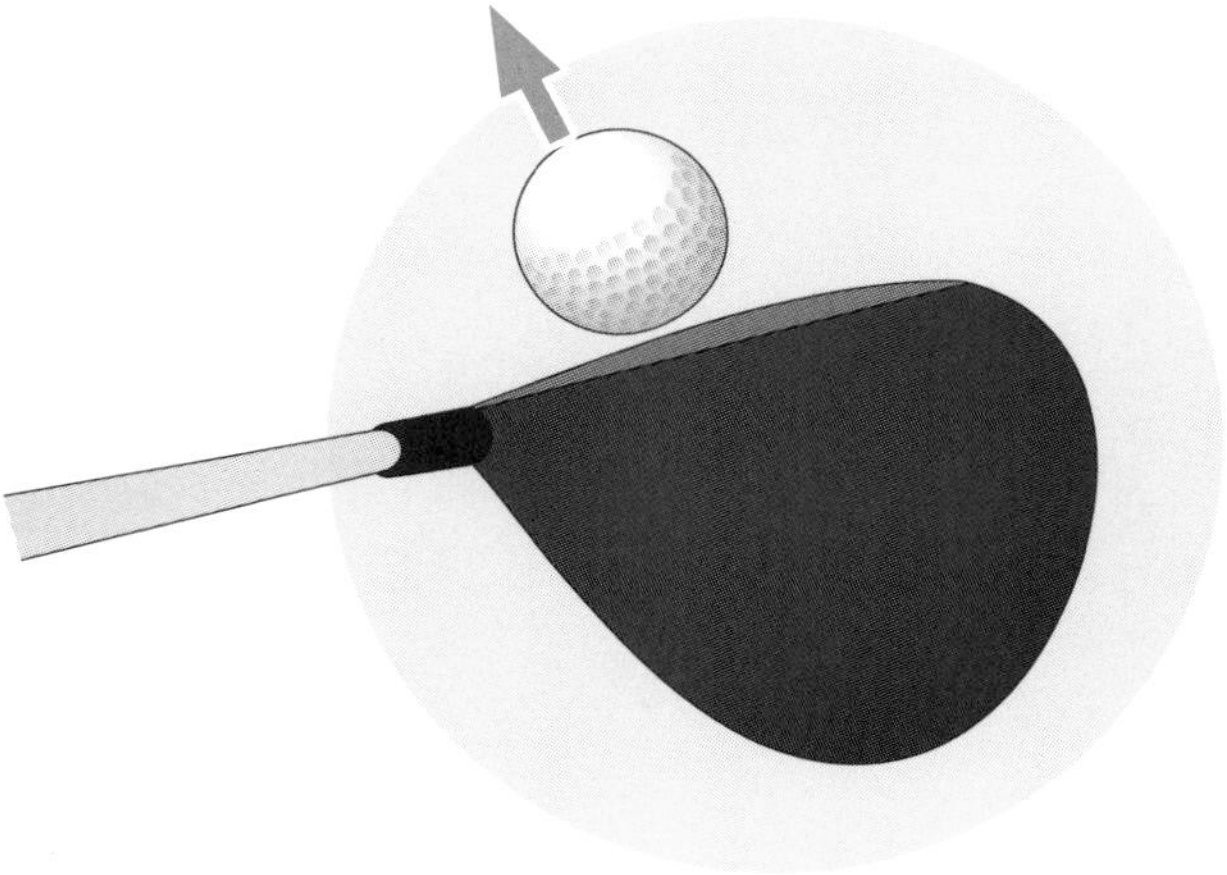

02

ヘッドのヒール寄りに当たると、インパクトの瞬間にフェースが押されて左を向く。出球も左になる

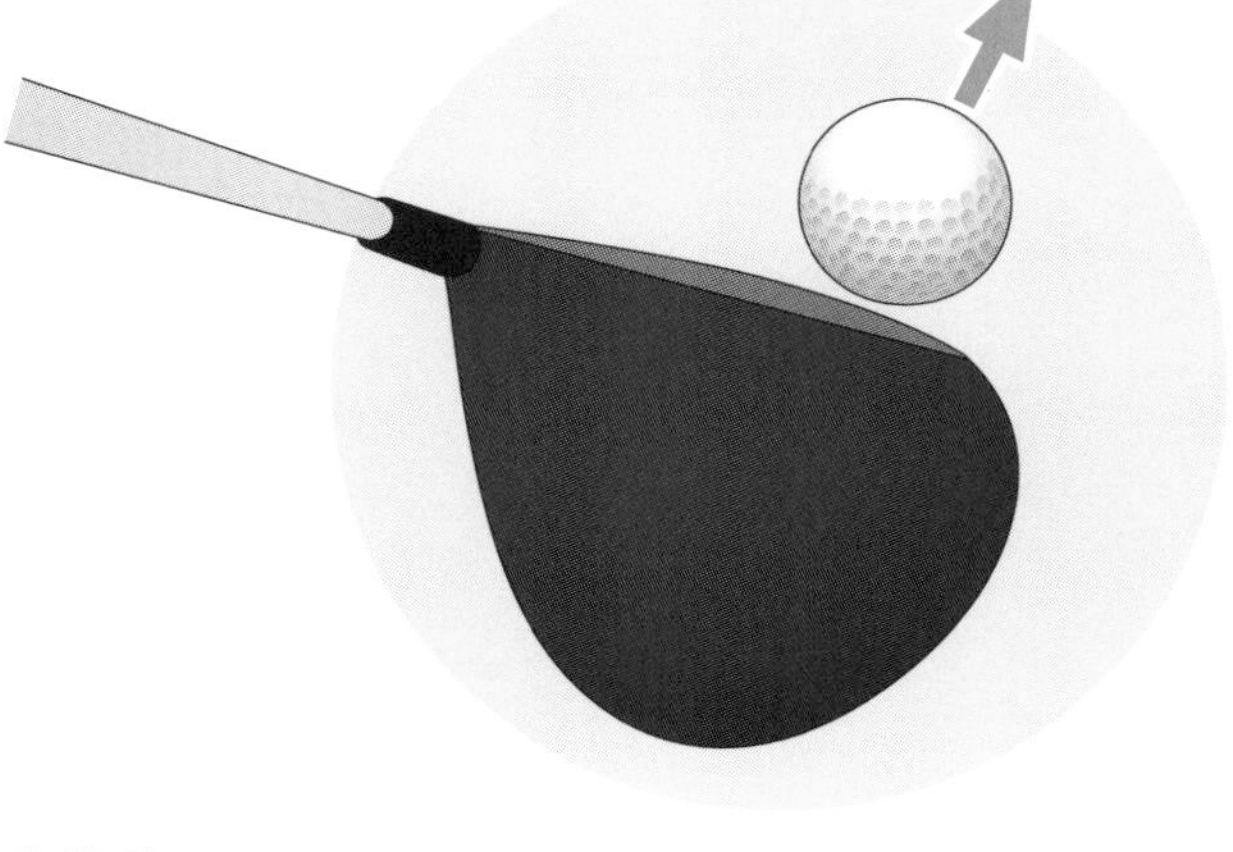

03

ヘッドのトー寄りに当たると、インパクトの瞬間にフェースが押されて右を向く。ボールもそのまま右へ飛ぶ

ボールがスライスする要因

フェースの向きに対してカット軌道でスイングするとスライス

カット軌道でフェースが開くとスライス

フェースの向いた通りにボールが打ち出されるという原理は前項で説明しました。フェースの向きに応じてボールが打ち出されるのはまっすぐか右、左の3つですが、そのあとにボールがどう曲がるかはフェースの向き対してのヘッド軌道が関係します。

ビギナーのゴルファーはスライス（右に曲がっていくボール）になる方が多いですが、その原因はインパクト時のフェースの向きよりインサイドにヘッド軌道がスイングされているからです。カット軌道は、フェースの向きよりインサイドにヘッド軌道がスイングされていることで起きます。ですので左からスライスする人はインパクト時にフェースが左を向き、そのフェースの向きよりもさらにインサイドにヘッドがスイングされた場合、左からのスライスになります。右からスライスする人はインパクト時にフェースが右を向き、そのフェースの向きよりもインサイドにスイングされた場合に右からのスライスになります。フックの場合は、フェースの向きよりアウトサイドにヘッド軌道がスイングされている。つまりカット軌道の逆の動きになるのです。次項から軌道3つにフェースの向き3つの「9つの出球」パターンを紹介していきます。

01

インパクト時にフェースが左を向き、そのフェースの向きよりもさらにインサイドにヘッドがスイングされた場合、左に打ち出されて右に曲がっていく

まっすぐ飛ばすにはフェースがスクエアでヘッド軌道はストレート

フェースがスクエア×ヘッド軌道がストレート

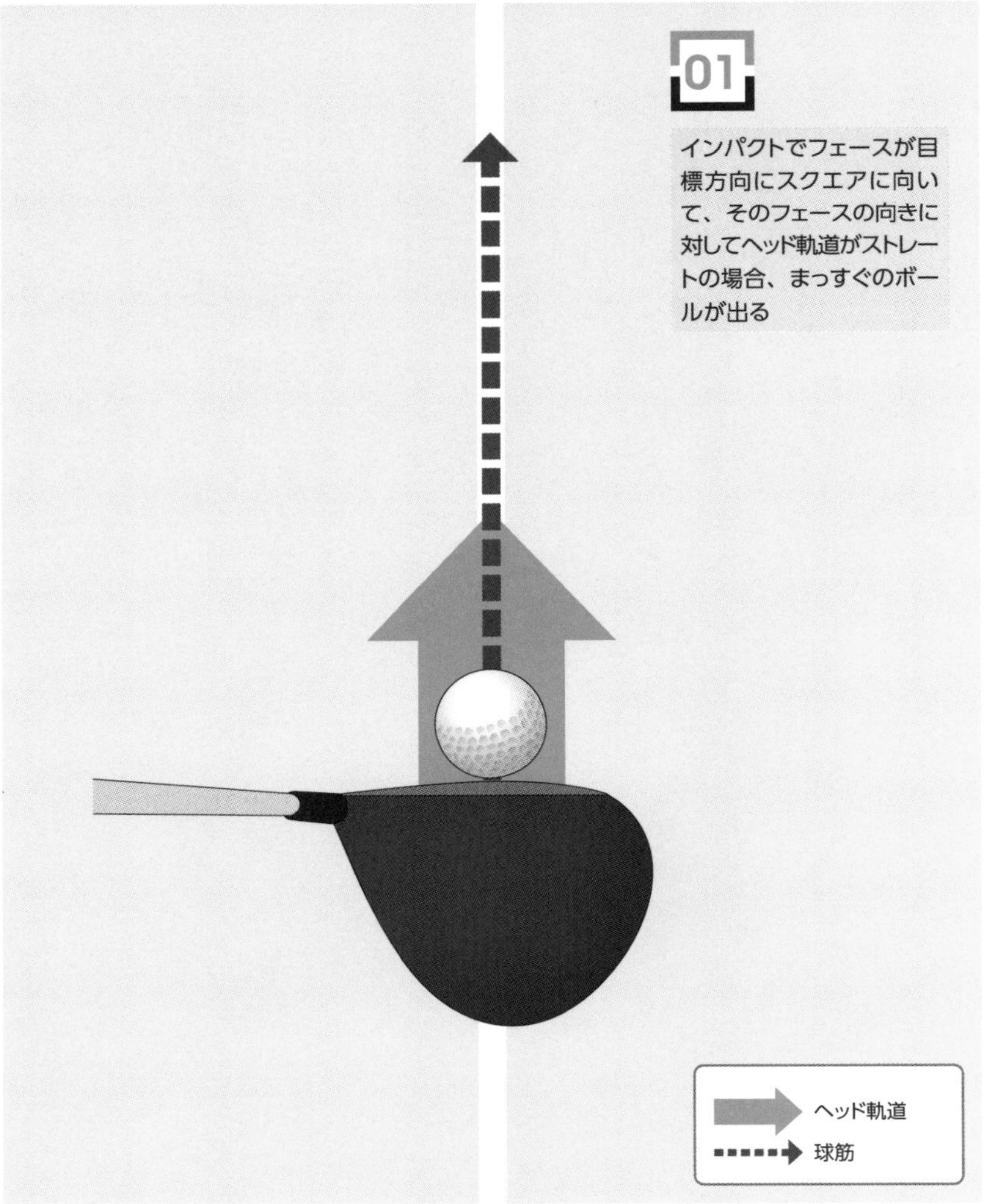

01

インパクトでフェースが目標方向にスクエアに向いて、そのフェースの向きに対してヘッド軌道がストレートの場合、まっすぐのボールが出る

フェースがスクエア×ヘッド軌道がカット

02

インパクトでフェースが目標方向にスクエアに向いて、そのフェースの向きに対してヘッド軌道がカット（アウトサイドイン）の場合、まっすぐに打ち出されてから右に曲がるスライスのボールが出る

フェースがスクエア×ヘッド軌道がインサイドアウト

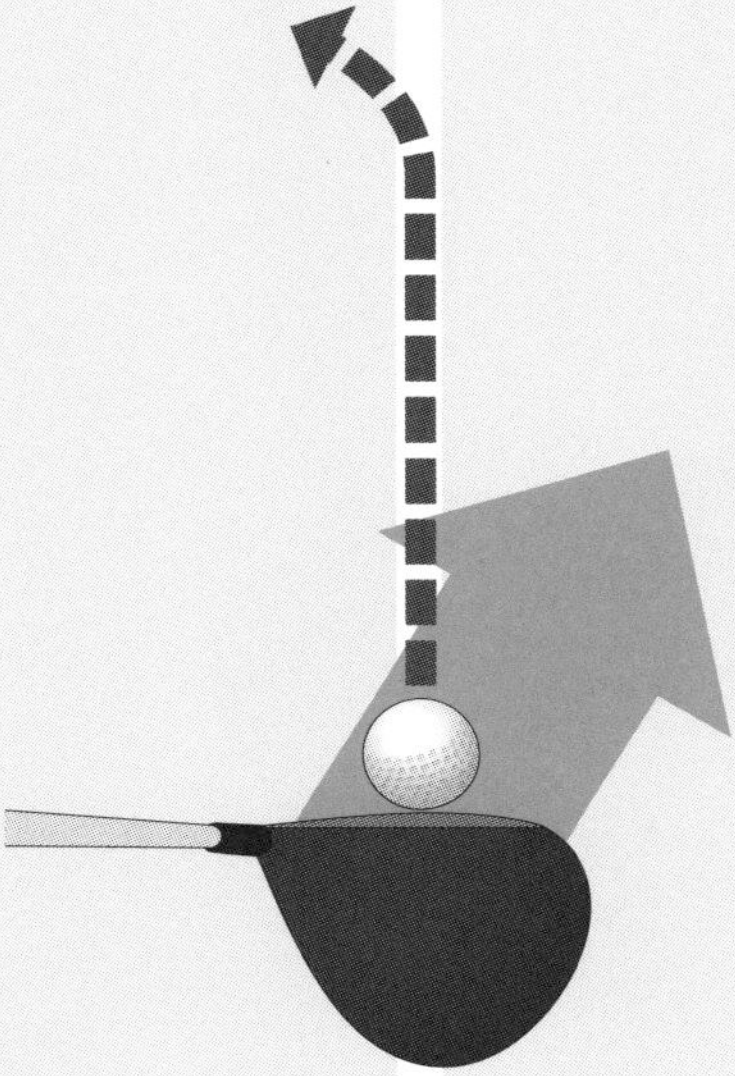

03

インパクトでフェースが目標方向にスクエアに向いて、そのフェースの向きに対してヘッド軌道がインサイドアウトの場合、まっすぐに打ち出されてから左に曲がるフックのボールが出る

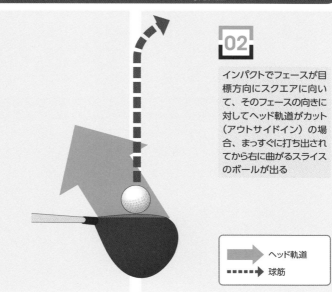

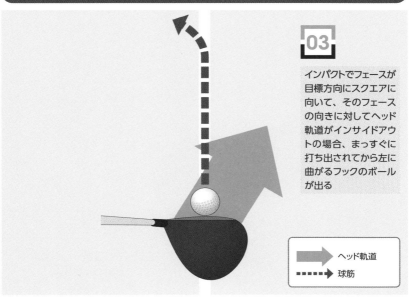

フェースが開いてインパクトしたら右に打ち出される

フェースがオープン×ヘッド軌道がストレート

01

インパクトでフェースが目標方向より右を向いて、そのフェースの向きに対してヘッド軌道がストレートの場合、右方向にまっすぐなボールが出る

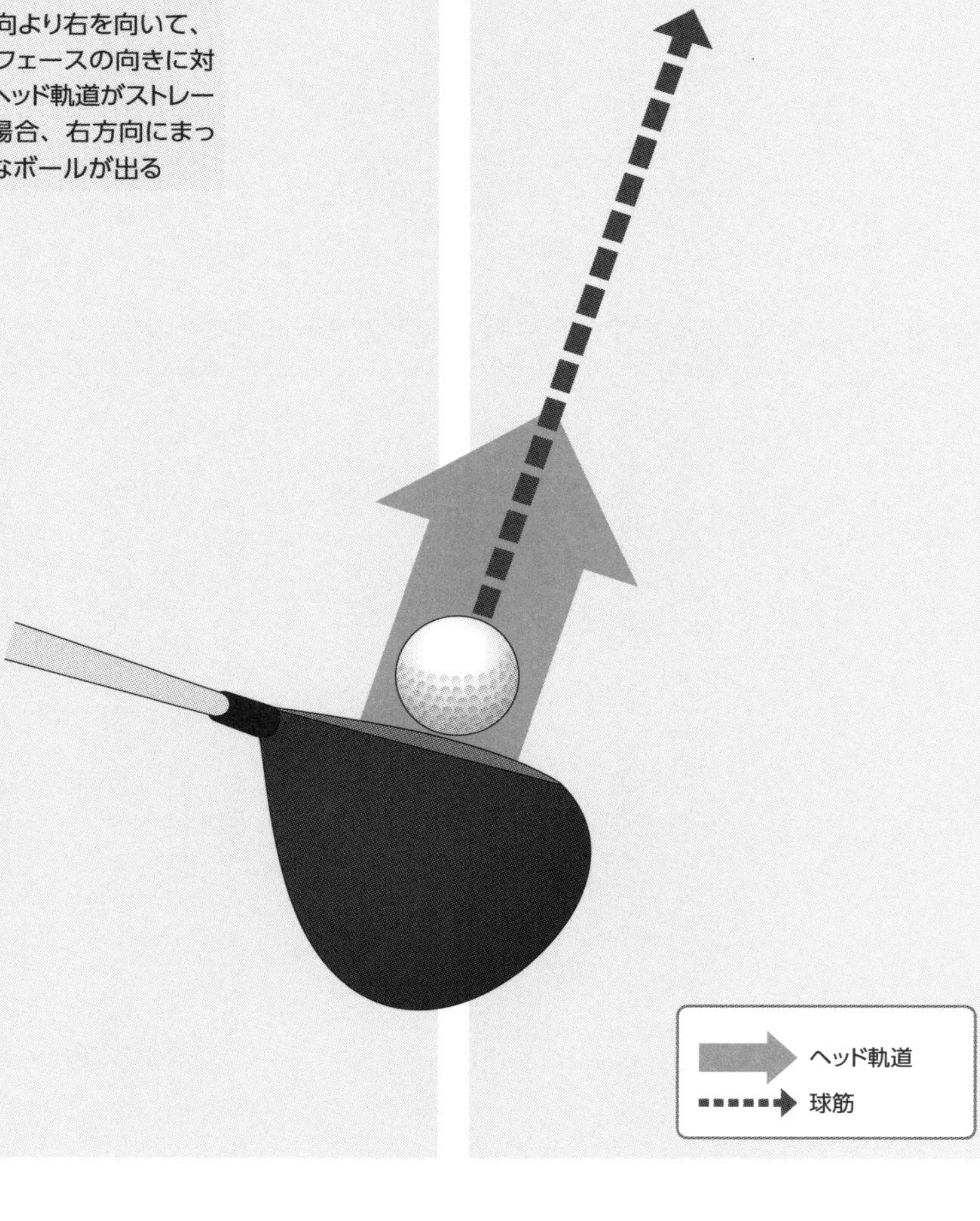

フェースがオープン×ヘッド軌道がカット

02

インパクトでフェースが目標方向より右を向いて、そのフェースの向きに対してヘッド軌道がカット（アウトサイドイン）の場合、右に打ち出されてから右に曲がるプッシュスライスのボールが出る

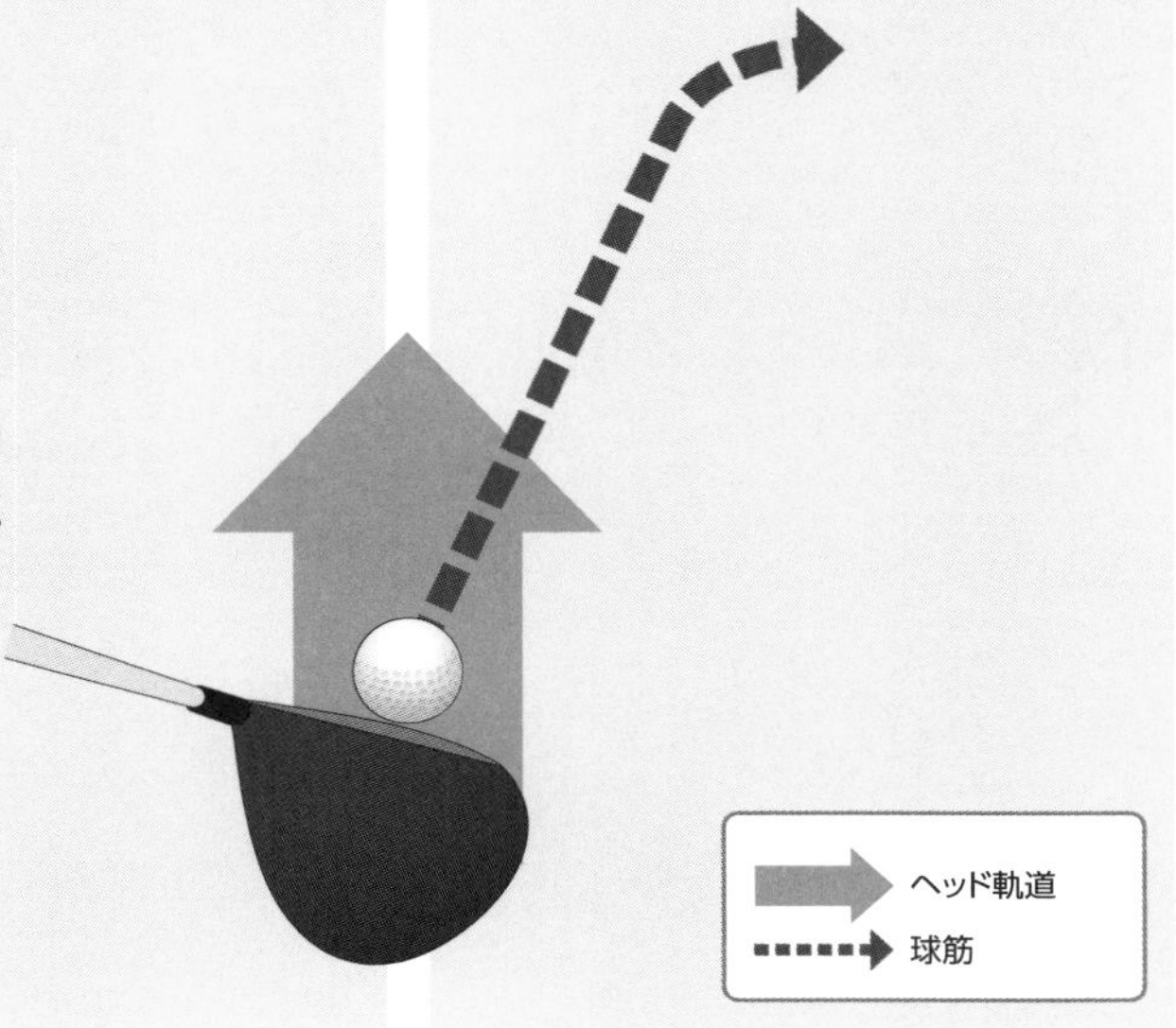

フェースがオープン×ヘッド軌道がインサイドアウト

03

インパクトでフェースが目標方向より右を向いて、そのフェースの向きに対してヘッド軌道がインサイドアウトの場合、右に打ち出されてから左に曲がるフックのボールが出る

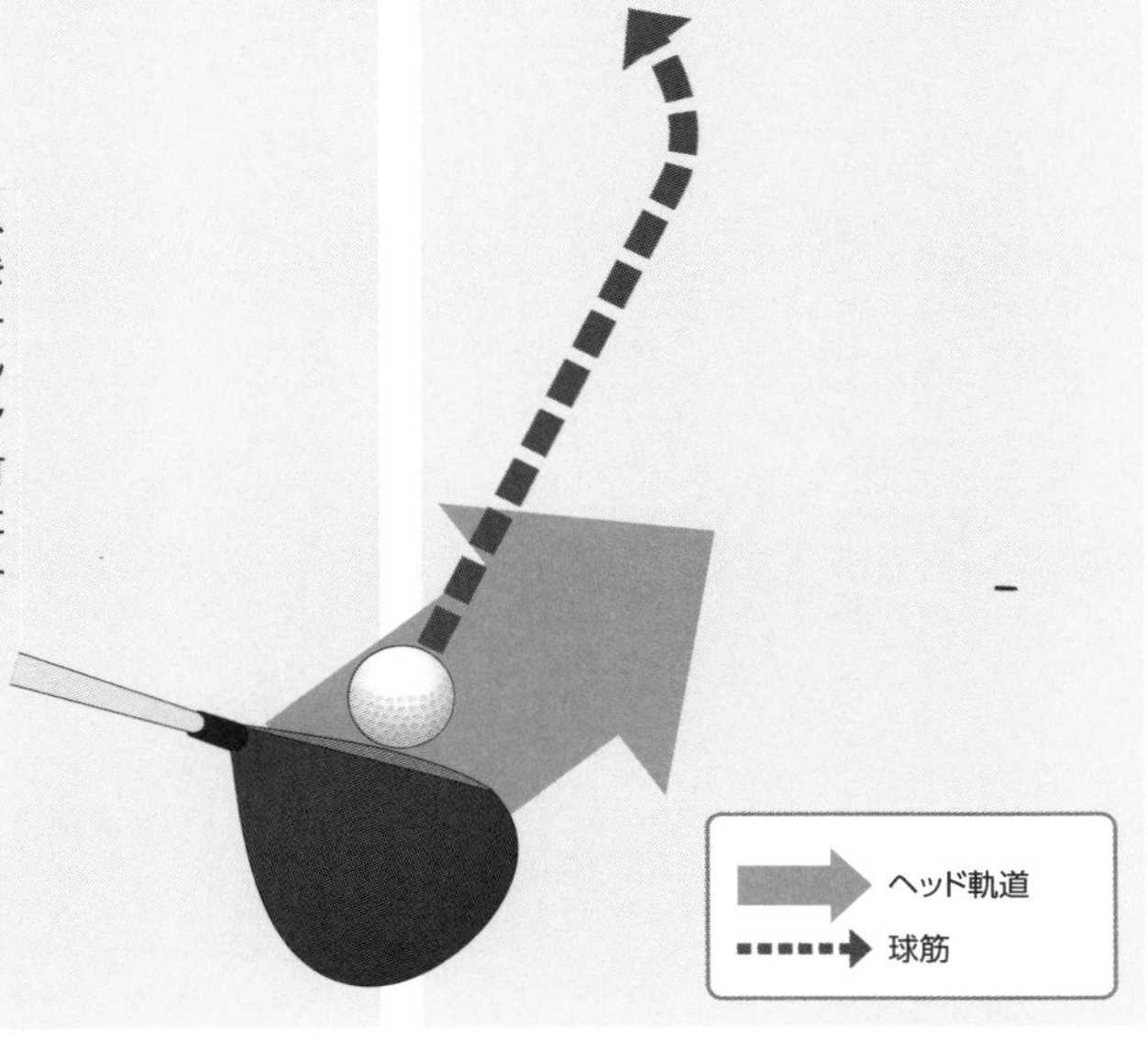

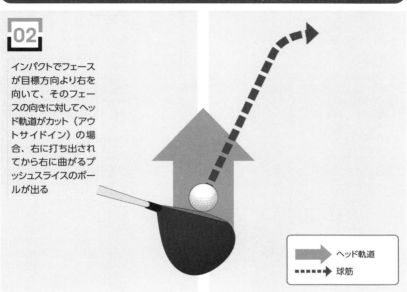

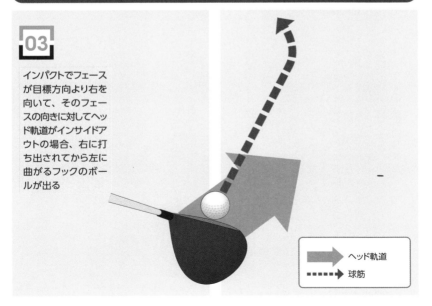

フェースが閉じてインパクトしたら左に打ち出される

フェースがクローズ×ヘッド軌道がストレート

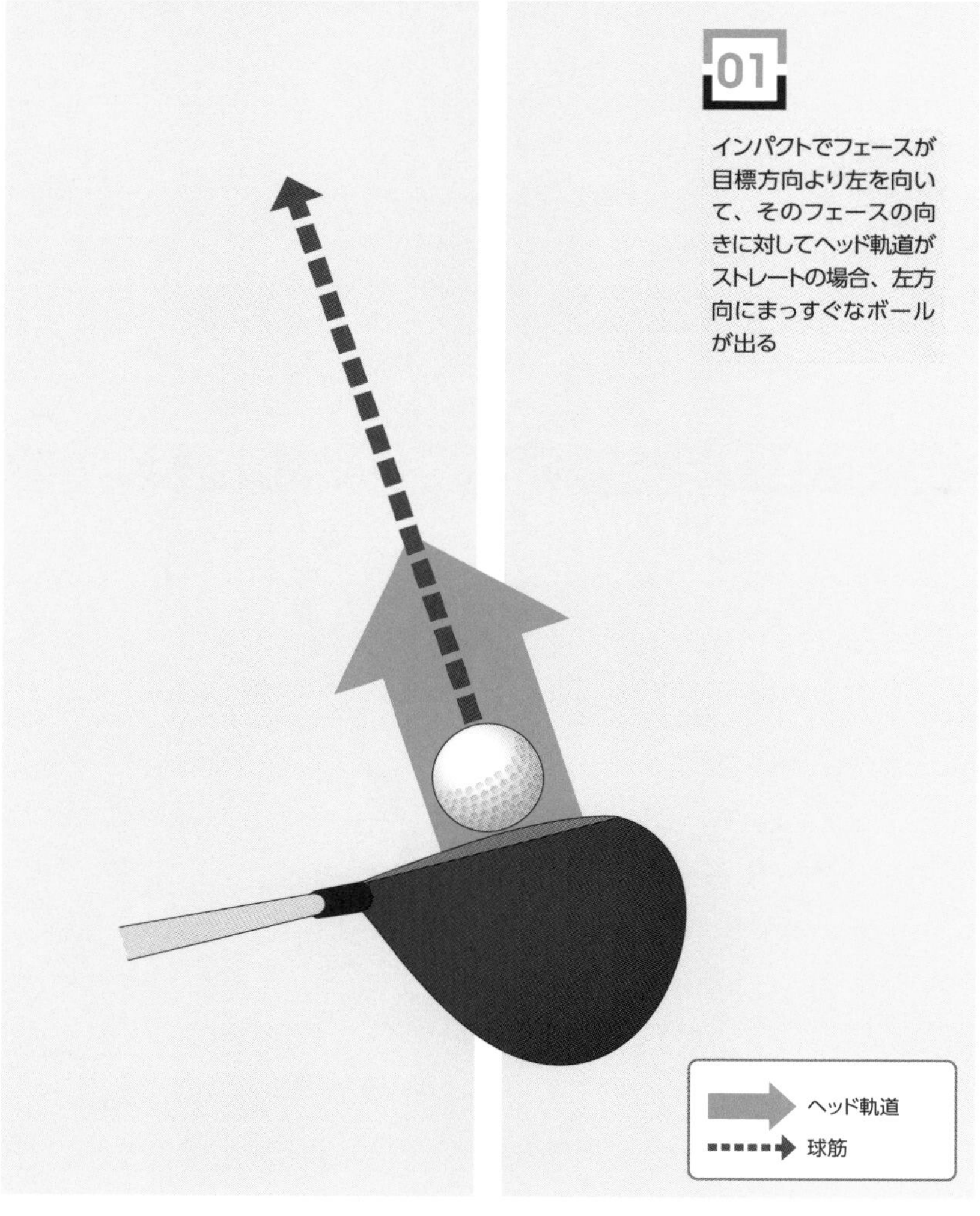

01

インパクトでフェースが目標方向より左を向いて、そのフェースの向きに対してヘッド軌道がストレートの場合、左方向にまっすぐなボールが出る

フェースがクローズ×ヘッド軌道がカット

02

インパクトでフェースが目標方向より左を向いて、そのフェースの向きに対してヘッド軌道がカット（アウトサイドイン）の場合、左に打ち出されてから右に曲がるスライスのボールが出る

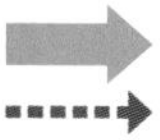

フェースがクローズ×ヘッド軌道がインサイドアウト

03

インパクトでフェースが目標方向より左を向いて、そのフェースの向きに対してヘッド軌道がインサイドアウトの場合、左に打ち出されてから左に曲がるプルフックのボールが出る

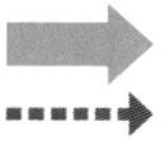

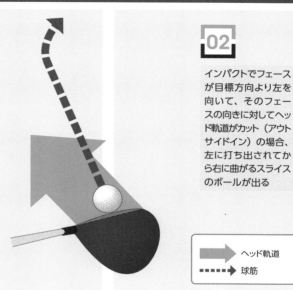

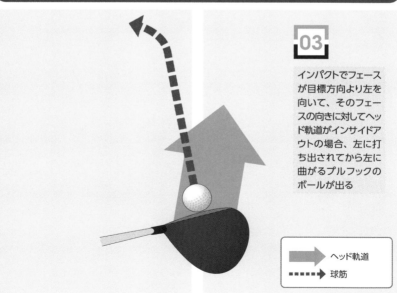

入射角とロフト角

ヘッドを入れる角度によってスピン量が変わる

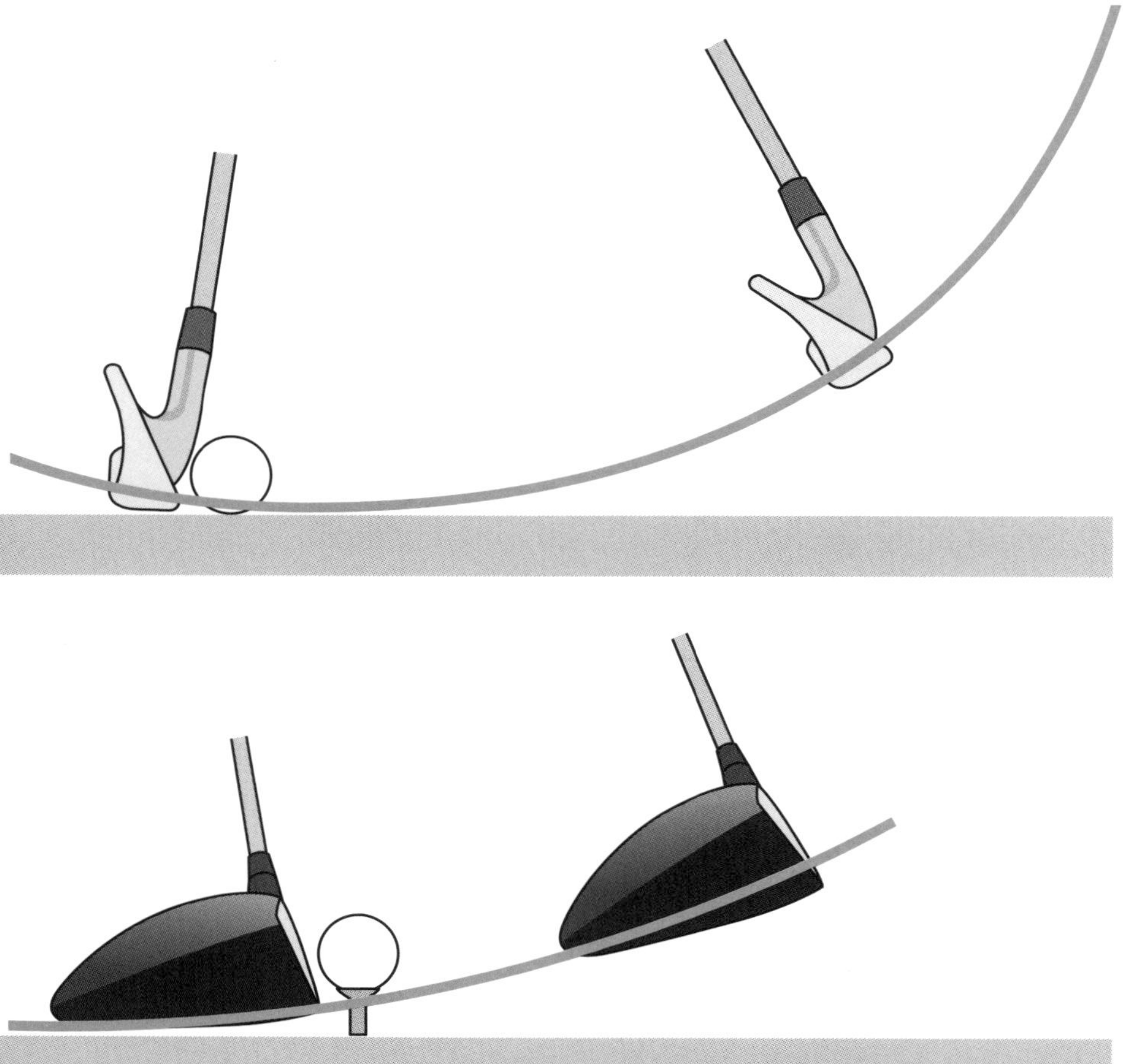

入射角が鋭角になるほど スピン量が増える

インパクトでヘッドを入れる角度を入射角と呼びます。入れてきた角度とロフト角の差が生まれるとスピン量が増えていきます。つまり、入射角が鋭角になればなるほどスピン量が増えるため、アイアンはスピン量が多くドライバーは入射角が鈍角なので少なめです。各クラブのフェースにはロフトと呼ばれる傾きがありますが、ドライバーは9度や10・5度が一般的です。飛ばない方はスピン量が多すぎるため低い数値（10・5→9度）にしたりしますがボールのつかまりは悪くなります。

アイアン

01

アイアンはダウン軌道でボールに当てるためスピン量が増える

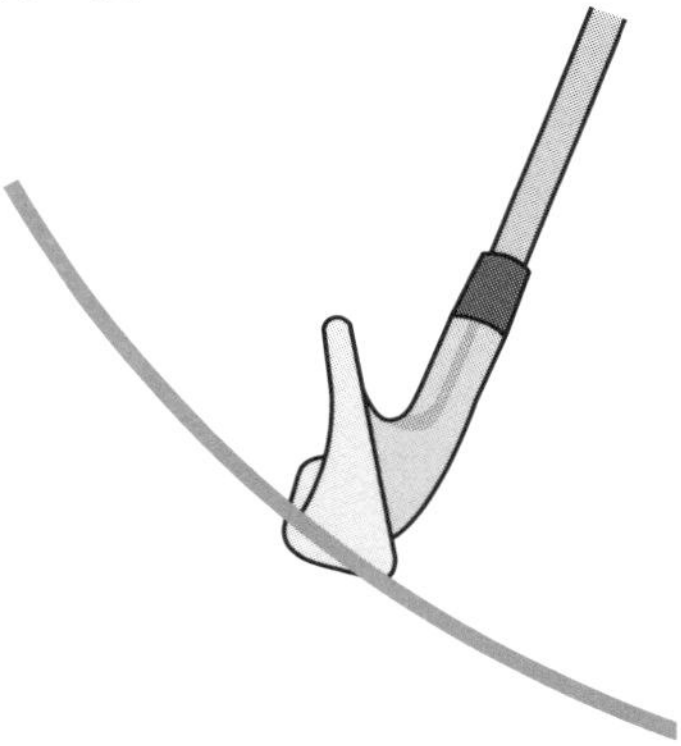

ドライバー

02

ドライバーは鈍角にヘッドを入れる。ボールの位置を左足寄りにするのは最下点からヘッドが上がるタイミングでインパクトすることが狙い

03

スピン量はスイートスポットの少し上だと減りやすく、少し下だと増えやすい。またトー寄りだと減りやすく、ヒール寄りだと増えやすい傾向がある

Summary
まとめ

スイングで最重要なインパクトの原理原則

インパクトの瞬間に球筋が決まる

ゴルフはボールをインパクトした瞬間、フェースが向いた方向にボールが飛ぶ。まっすぐならまっすぐ、右を向いたら右に飛ぶ。これがインパクトの原理原則である。

フェースの向きとスイング軌道が球筋に影響

フェースの向きがまっすぐでも、ヘッドの芯から外れると打球方向も変わる。また、インパクト時のヘッド軌道によってボールの球筋も変化する。

ゴルフの打球は9に分類される

フェースの向きがスクエア（まっすぐ）、オープン、クローズとあり、ヘッド軌道がストレート、インサイドアウト、アウトサイドイン（カット）と3つある。これら3×3通りとなりゴルフの打球は9つに分類される。

ヘッドを入れる角度とスピン量

ボールに向けてヘッドを入れる角度によって飛ぶ球のスピン量が変わる。アイアンとドライバーでは入射角が違うため、アイアンはスピン量が多くドライバーは少なくなる。

PART 3

ゴルフクラブの操作概念

ゴルフスイングはクラブ操作が重要です。体の動かし方の前にクラブ操作のセオリーや概念を知っておきましょう。安定したクラブさばきができれば飛んで曲がらないボールを打つことができます。

クラブは引いて動かすことで安定する

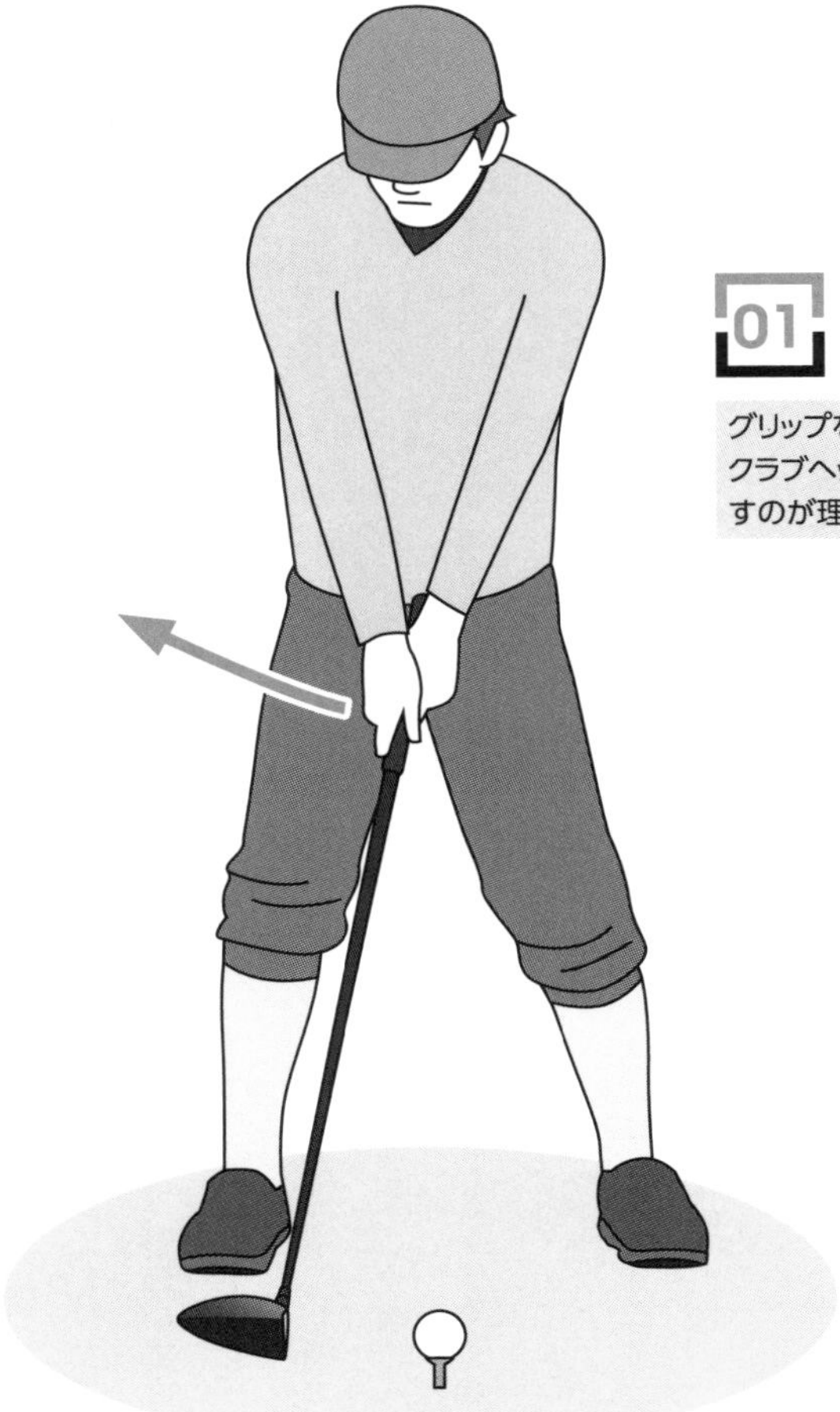

01

グリップを引くことでクラブヘッドが動き出すのが理想的

グリップを引いてから上げ引いてから下ろす

ゴルフクラブはどう操作すればいいのでしょうか。結論から言いますと、ゴルフクラブは「グリップを引いてから上げて引いてから下ろす」ことが重要になります。このように操作するとゴルフクラブはとても安定してしっかり飛ばすことができるのです。これはクラブの設計上の問題ですので、この動きをしないと上手く打つことができません。ここでポイントとなるのがグリップを引くということです。「ヘッド」ではなく「グリップ」です。多くの方がヘッドを動かす意識を持っていますが正解はグリップになります。

02

切り返しからダウンスイングの場面でも引いてから下ろすのがポイント。ヘッドから下ろそうとするとミスが頻発する

安定した動きは「押す」ではなく「引っ張る」こと

01

筆を押し込むようにして文字を書くと筆がブレて上手に書くことができない

文字を書くときも押すではなく引く

クラブを引いて動かすことで安定することを説明しましたが、イメージしやすいように習字の筆を例にして説明します。下図のように筆で漢字の「一」という文字を書いてみてください。筆を引きながら文字を書くと安定して書けるのが分かると思います。逆に筆の先端を押し込むように文字を書くと不安定になり上手く文字が書けません。それではゴルフクラブで地面に文字を書くように動かしてみてください。安定して動かせるのは引いて動かしたときではないでしょうか。

◎

02

文字を書くときは筆を引きながら動かしていく。安定した動きは引くことで上手くいく

01

ヘッドからクラブを上げようとするとヘッドを操作する意識が強くなる。ヘッドを操作しようとするとスイングは不安定になってしまう

テイクバックのイメージ①

ヘッドを上げるのではなくグリップを引いた結果ヘッドが上がる

02

クラブヘッドはその場に残すようにしてグリップを動かしていく。クラブが安定しているのが体感できる

グリップを操作するとクラブは安定する

アドレスの状態からテイクバックをしていく動きは2種類しかありません。ヘッドを操作して上げるかグリップを操作して上げるかです。正しい操作法としてはグリップからです。スイングの安定度が違います。ヘッドはクラブの先端にありますが、先端のものを操作しようとすると動きの連動性が失われぎこちない動作になってしまいます。クラブがスムーズに動かなくなるのです。

手元となるグリップを先行させ、遅れてヘッドが上がることで動作の流れが自然になります。

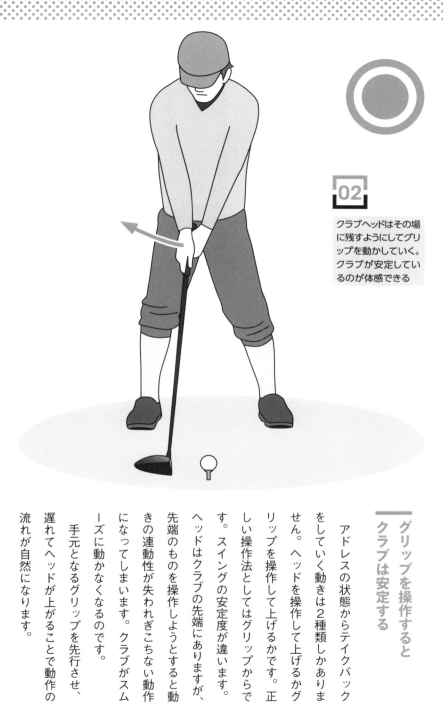

右手が支点となりヘッドが上がっていく

クラブを持つ手は操作しやすい状態にする

前項でグリップを先行させたあとにクラブヘッドがあとから動いていくと説明しました。ある程度グリップを後ろに引っ張ったら、クラブヘッドに勢いをつかせるようなイメージで上げていきます。

このグリップ操作でポイントとなるのが支点を意識することです。支点となるのは左図の位置です。ここを支点としてクラブヘッドを上げていきます。

テイクバックをクラブヘッドから上げようとしているゴルファーは、クラブを上げるときにグリップの先端を動かそうとしています。力任せにクラブを動かそうとするとこのような動作になり、しかも体の正面から手元が離れていってしまう原因でもあるので注意してください。

よくテイクバックを始動させるときは体を回していくという話を聞いたことがあるかと思いますが、クラブヘッドをひょいと上げる動きをしてしまうゴルファーに対してのアドバイスから派生したものです。体を回すという意識でテイクバックをすると、手や腕が固まり動きの柔軟性がなくなってしまいます。クラブを持つ手は柔軟で動かしやすい状態にしなければいけません。大事なのはグリップ操作なのです。

01

グリップの右手と左手の間。ここを支点にしてクラブを動かしていくイメージ。イメージが湧きづらければスプリットハンド（左右の手を離してグリップ）にしてイメージをつかもう

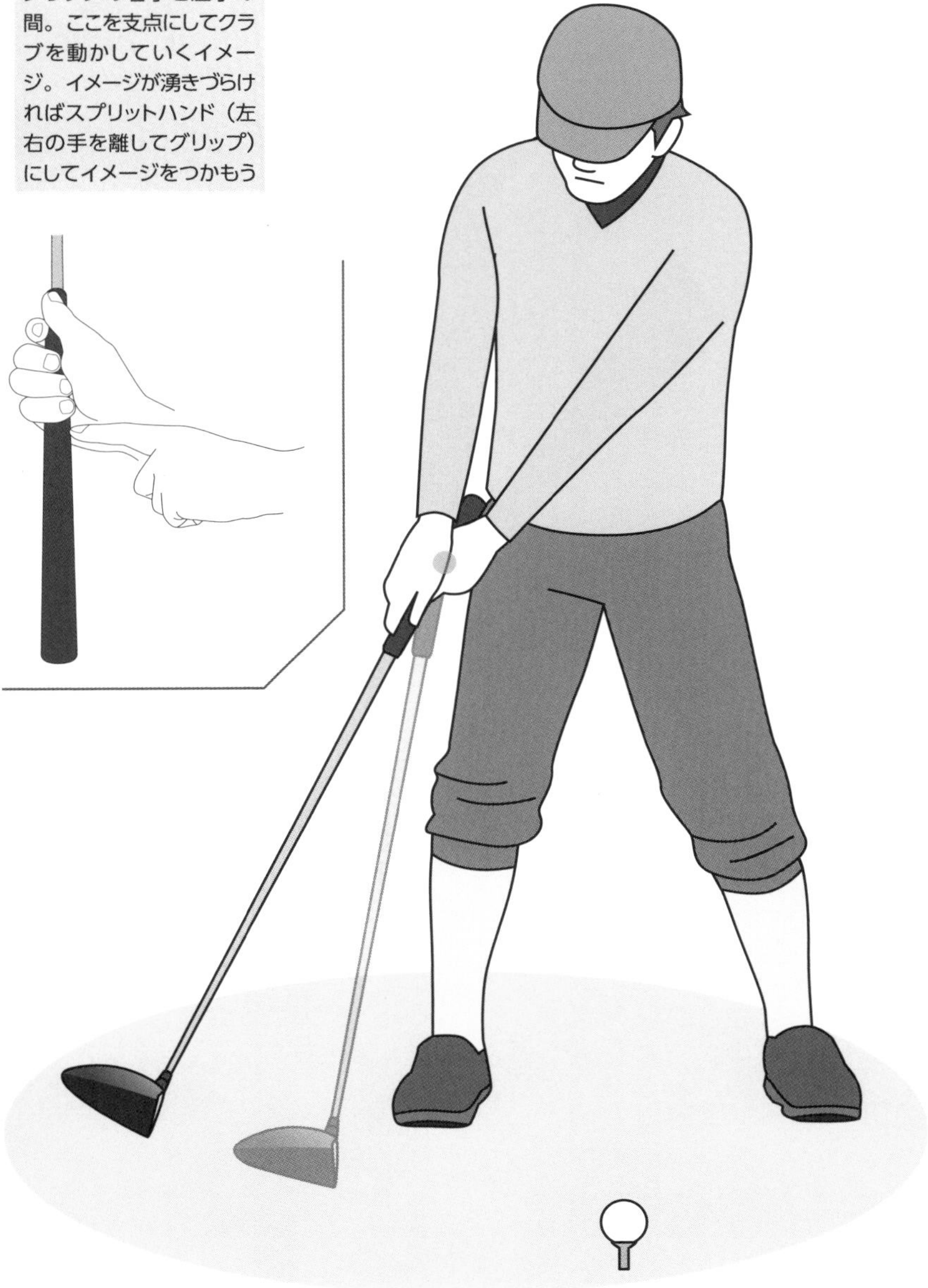

01

トップの形ではグリップは後方を向いている。そのグリップ方向に遠回りをさせ、後ろに引きながらクラブを下ろしていく

切り返しのイメージ

グリップを丸く使うように引いていくのが正解！

切り返しでボールに向けてグリップを下ろすのはNGな動き

鋭角にクラブを下ろすとミスショットの原因になる

テイクバックをしたあとは切り返しです。この切り返しでも多くのゴルファーが間違った動かし方をイメージされています。それはグリップエンドをボールに向けていきなり引っ張っていくという操作です。正しくはトップを作ったら後ろのほうにグリップを動かし、グリップが丸く下りてくるようにする動きです。

ボールに向けて鋭角にクラブを下ろしにいくとクラブヘッドが外側から下りてくるカット軌道になり、スライスや引っ掛けなどのミスの原因となりますので注意しましょう。

01

背負った刀。鞘に収まっている状態から刀を抜くには後ろに引っ張ってからでないと抜けない。ゴルフスイングの切り返しでも同じイメージだ

インパクトまでのイメージ①

クラブを後ろに引っ張ってから振っていく

02
鞘に収まっている刀を抜かずにそのまま振りにいっては刀を使って切ることはできない

背負った刀を鞘から抜くイメージを持つ

前項で説明した切り返しからインパクトまでのイメージですが、刀の抜き差しを使って説明します。刀の鞘を背中に差している状態です。ここから刀を鞘から抜こうとしてみてください。刀を抜くためには後ろに引っ張らないといけません。鞘に入っている状態から刀を抜きながら切ろうとしても鞘から刀は抜けません。ですので、一度鞘に入っている刀を「抜いてから振る」というイメージを持ってゴルフスイングに置き換えてみてください。切り返し動作はこのようなイメージです。

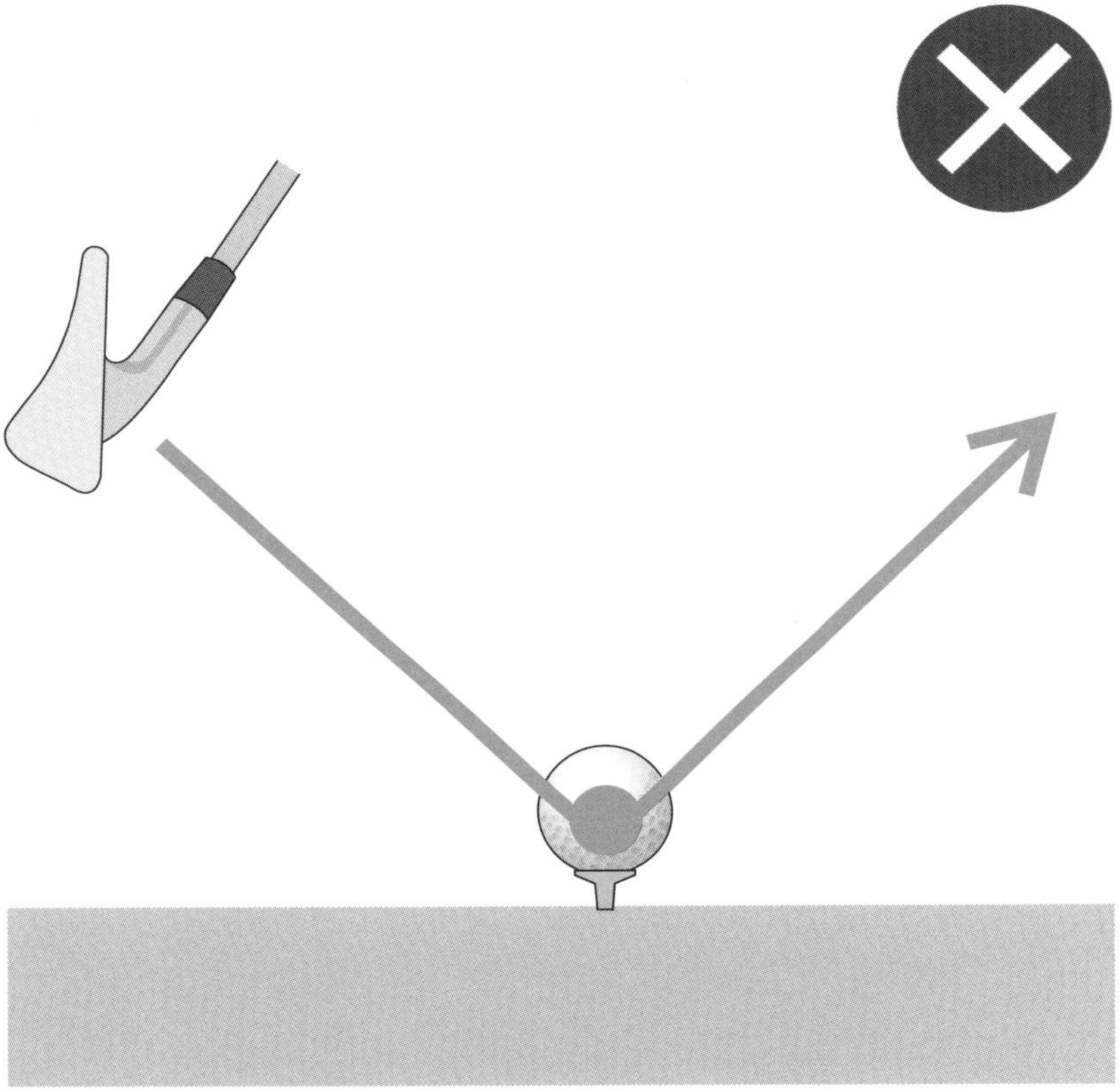

01 インパクトが点になるとインパクトの再現性が低くなる

インパクトまでのイメージ②

クラブを引っ張り続けることで点ではなくゾーンになる

02

インパクトゾーンを長くするのが理想のスイング。クラブを引っ張り続けることで点ではなくゾーンになる

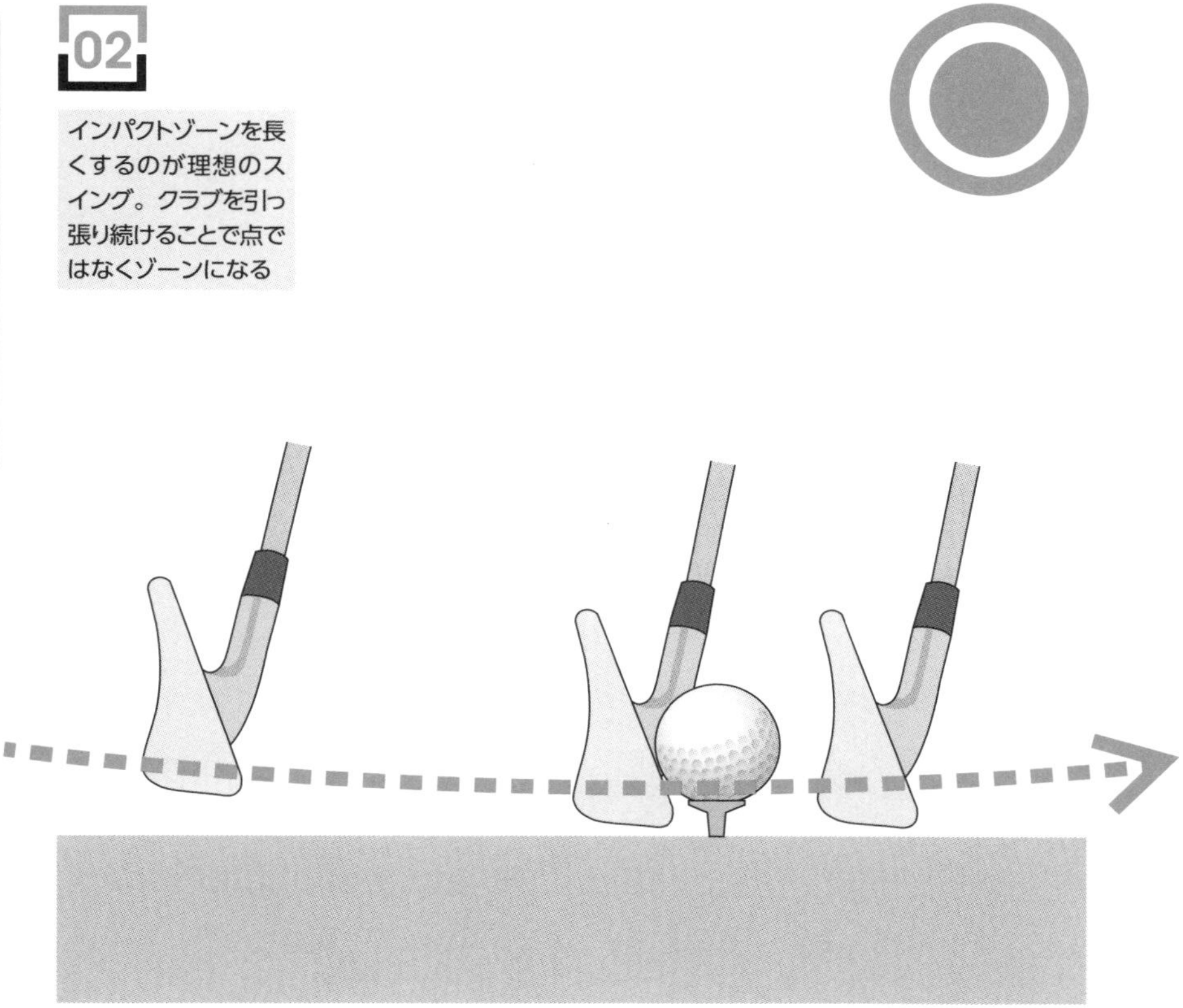

点ではなくゾーンでインパクトするのが理想的

切り返しからクラブを後方に引っ張り続けてダウンスイングすることで、インパクトゾーンを長くすることができます。インパクトゾーンを長くすることで、狙ったターゲットに向けてフェースをまっすぐに保ったままインパクトできます。

インパクトは点ではなくゾーンにすることでショットが安定します。本書のテーマでもあるインパクトのコントロール技術やスイングの再現性も高まり一石二鳥です。逆に点で正しくインパクトをし続けるのは神業とも言えるでしょう。

インパクトするときは布団叩きをイメージしよう

ゴルフクラブの設計上もっとも安定する動き

ダウンスイングからインパクトにかけては布団叩きをイメージしてください。ゴルフはスイングをしていくので「振る」というイメージがあるかと思いますが、インパクトに向けては「叩く」というイメージを持っていただきたいです。インパクトとは「衝撃」という意味でもあり、それが飛距離にもつながります。

なぜ布団叩きなのかというと、横から叩いていくからです。手首を柔らかくしなやかに使いながら叩くと、手元の位置が下がりクラブが横から向かって動いていきます。この動作がゴルフクラブの設計上、もっとも安定する動きになります。フェースの向きも安定しますし、シャフトを振るというスイング動作も良くなります。

ゴルフクラブを使ってこの動きを身につけるのに適しているのが左図にもあるインパクトバッグを使った練習です。詳しくは96ページで紹介しますが、切り返しで刀を抜いたあとに布団を叩きにいくという二段階の流れに分けることでゴルフスイングが簡単になっていきます。

ここまでの動きはすべてグリップ操作によるものです。このグリップ操作の実践的な内容はＰＡＲＴ４で紹介していきます。

01 ゴルフクラブの動かし方は布団を叩くイメージを持とう。クラブを横から動かしボールを叩くようにインパクトしていく

02 インパクトバッグを使って練習するとインパクトのイメージが体感できる

Summary
まとめ

ゴルフクラブの操作イメージとセオリー

ゴルフクラブは引いて動かす

ゴルフクラブはグリップを引いてから上げて、 引いてから下ろすのがセオリーだ。 ヘッドを操作するのではなくグリップを操作することが重要なポイント。

ゴルフクラブを安定させるには

ゴルフクラブを自分の力を使って押したり動かしたりすると不安定なスイングになる。 クラブを引っ張り続けることで安定したスイング動作になる。

テイクバックのイメージ

右手を支点としてクラブを操作していくが、 グリップを操作することで安定度は増す。 手元を先行させ遅れてヘッドが上がることで動作がスムーズになる。

切り返しのイメージ

切り返しでクラブを鋭角に下ろすとミスショットを引き起こす。 グリップを遠回りさせるように引きながらクラブを下ろしていくのが正しい切り返しの動作になる。

インパクトのイメージ

背負った刀を鞘から抜くイメージでダウンスイングしていき、 クラブを引っ張り続けることで点ではなくゾーンでインパクトできる。 インパクトイメージは布団叩きだ。

PART 4

ゴルフスイングの習得方法

ゴルフスイングを身につけるためには体の動きの前にクラブ操作が重要です。クラブを操作するためにも正しいグリップやクラブの動かし方を覚える必要があります。ここではスイング作りの基本を紹介します。

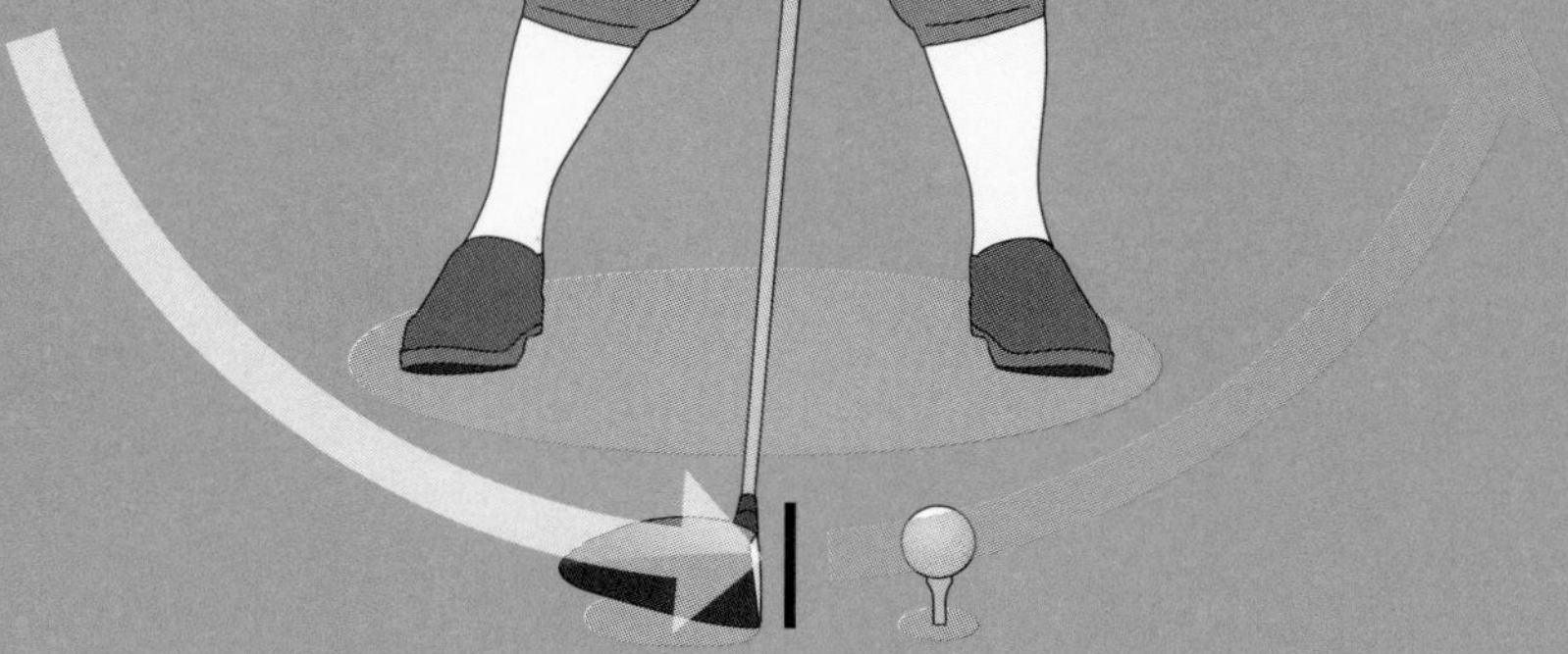

ゴルフはクラブを操作する①

体の動きは後回し。クラブ操作から覚えよう

最初から体の動かし方に意識がいってしまうと正しくクラブが扱えなくなる。体の動きは後回しでOKだ

スイングを覚えるには順序が大事

ゴルフスイングで一番重要なのが「インパクト」であること、そしてゴルフクラブを正しく「操作」することです。ですので、ゴルフスイングを習得するためにどうクラブを扱うかがポイントになります。

初心者ゴルファーの多くが体の動かし方に意識がいってしまいがちです。「肩を回す、腰を回す、腕は曲げない」など。ボールを打つのはクラブヘッドであり、ゴルフクラブを扱えるようになることから始めなければなりません。つまり覚えていく順序が大切になるのです。

01

ボールをヘッドの芯で捉えるために、ヘッドを走らせてボールを飛ばすには、クラブ操作がカギを握る

「クラブを扱う=グリップ操作」であることを知っておこう。決してヘッドを操作するわけではない

ゴルフはクラブを操作する②

大事なのはボールをヘッドの芯で捉えること

芯で捉えればボールは飛ぶ

ゴルフスイングを身につけていくうえで具体的に意識してもらいたいのがヘッドの芯でボールを捉えることです。スイングがあまりスムーズな動きではなく不格好に見えても、芯で正しくボールを捉えることができればボールは飛びます。PART2でも説明しましたが、初心者が望む飛んで曲がらないボールを打つにはインパクトの瞬間にフェースの向きをまっすぐにすればいいのです。

それではどうインパクトを作ればいいのか。それはグリップ操作が重要です。次ページからグリップの操作法を紹介していきます。

01
手打ちはダメと言われるが、ゴルフは手先の動きがとても大事。良い手先の動きを覚えたい

グリップは指2本くらい余らせて持とう

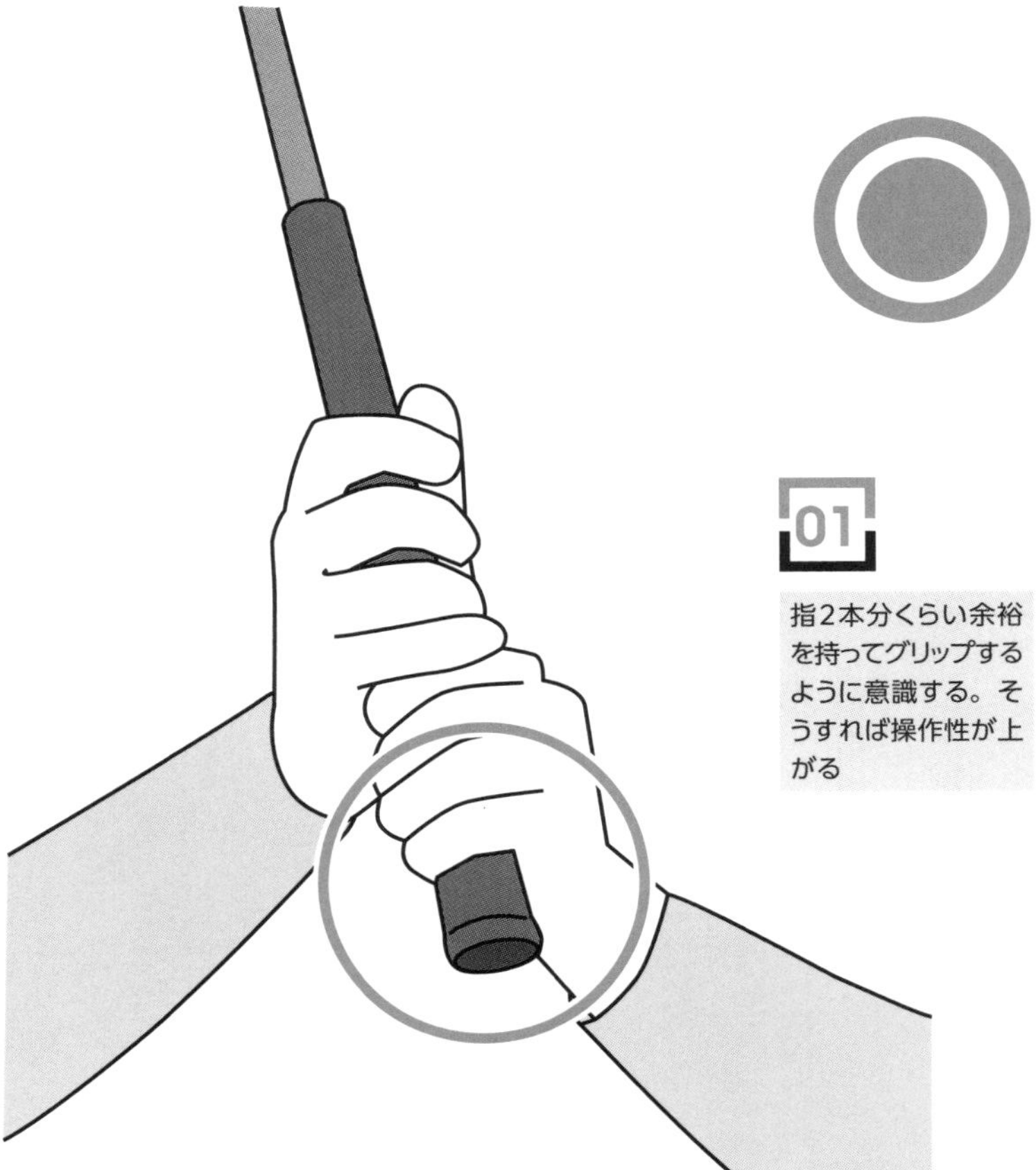

01

指2本分くらい余裕を持ってグリップするように意識する。そうすれば操作性が上がる

グリップを長くすると操作性が悪くなる

物事を覚える際に、難易度を低く設定し簡単にすることはとても大切です。グリップ操作も同様で、クラブを扱いやすくするためにもグリップを長く持ちすぎないようにしましょう。基準となるのは指2本くらい余らせて持つこと。これをベースの握りとして考えてください。

グリップエンドギリギリまでしっかり握ってしまうと、クラブを長く重く感じてしまい振ったときに振り遅れたり操作性が悪くなったりします。クラブを上手く扱えないと芯を外してしまう大きな原因です。

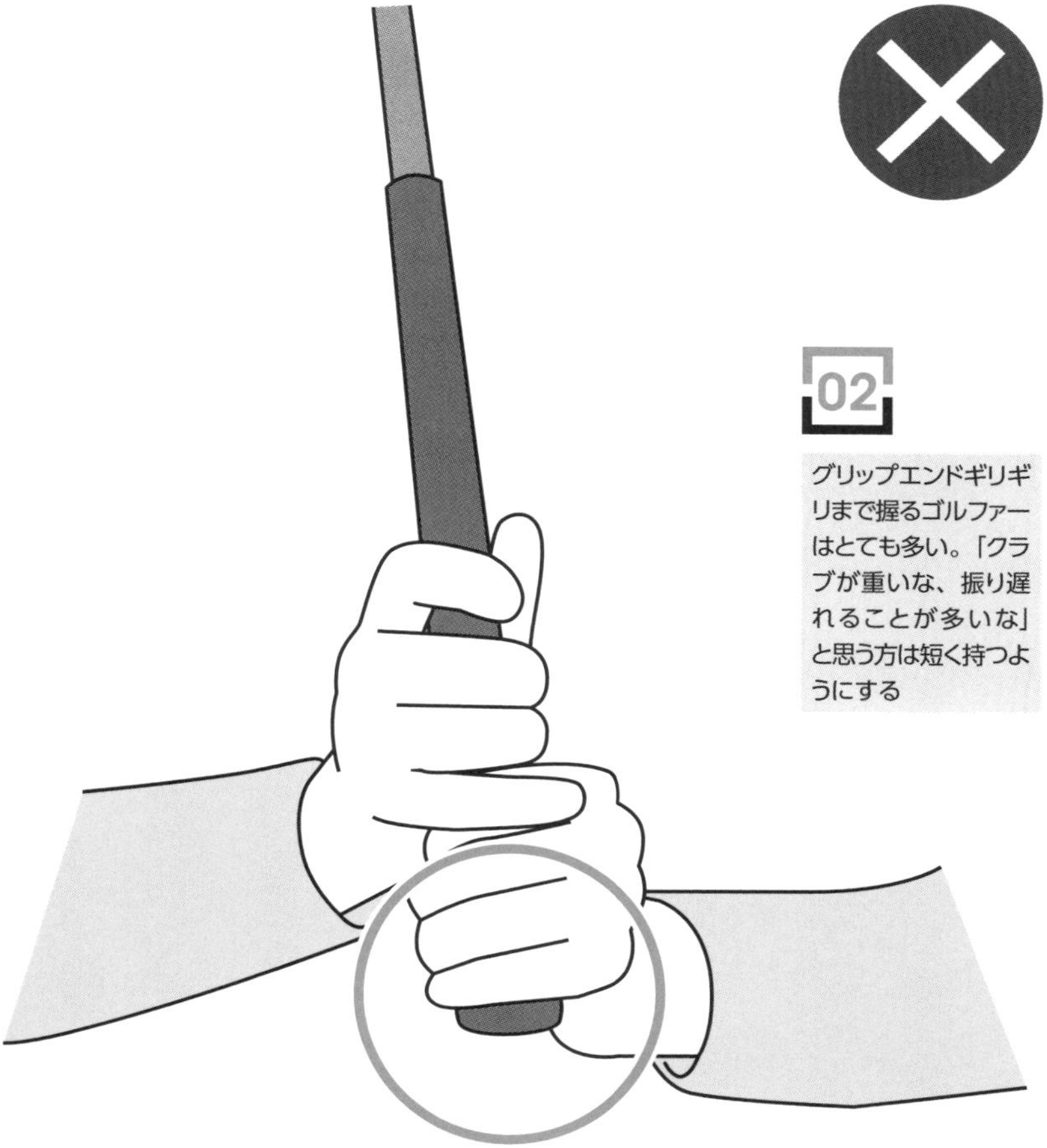

02

グリップエンドギリギリまで握るゴルファーはとても多い。「クラブが重いな、振り遅れることが多いな」と思う方は短く持つようにする

01

クラブを回していくイメージがあるがグリップを回していくとスイングが不安定になる

ゴルフクラブの操作法②

回すイメージで振らず グリップを直線的に動かす

02
グリップを直線的に動かすことが正解。クラブヘッドは自然と右に回転していく

ヘッドは回転するがグリップは直線的に動かす

グリップは「引いて動かす」ことでクラブヘッドが安定するということはPART3で解説しました。そしてグリップは直線的に動かしたほうがより安定します。ゴルフスイングは手を回すようにしてクラブを動かすイメージを持っている方が多いのですが、それだと手を動かしすぎてかえって不安定になってしまいます。スイングをするとヘッドは回転（右回り）しますが、手元は直線的に動くようにするのがポイントです。グリップを回さないことを知っておきましょう。

遠心力を利用してクラブヘッドを右回りさせていく

※プレーヤーから見て
左回り
01
左回りになるとフェースがかぶってくる動きになる。そうするとボールが左にしか行かなくなりスライスボールになる
02
左へ出てしまう打球を直そうとするとクラブの動きを止めて自分の力でボールを持ち上げようとしてしまう。そうするとクラブは加速しなくなる

クラブの設計上、右回りはヘッドスピードが出せる

前項でも説明しましたが手元を直線的に動かすことでクラブヘッドは回転します。回転のイメージとしては、クラブヘッドをプレーヤーから見て右に回していく動きです。これがクラブの設計上、自然に回転してヘッドスピードも出せる作りです。右回りできると切り返しのときにクラブフェースが開いていく動きになりますが、インパクトに向けて勝手にスクエアに戻る動きをしてくれます。これが左回りになってしまうと、クラブを加速させられなく力任せに振ろうとしてしまいます。

ヘッドを走らせるためにも右回りにヘッドを回すことがポイント。打球が安定し飛距離を出すには右回りスイングが絶対だ

グリップはテコの原理を使って操作する

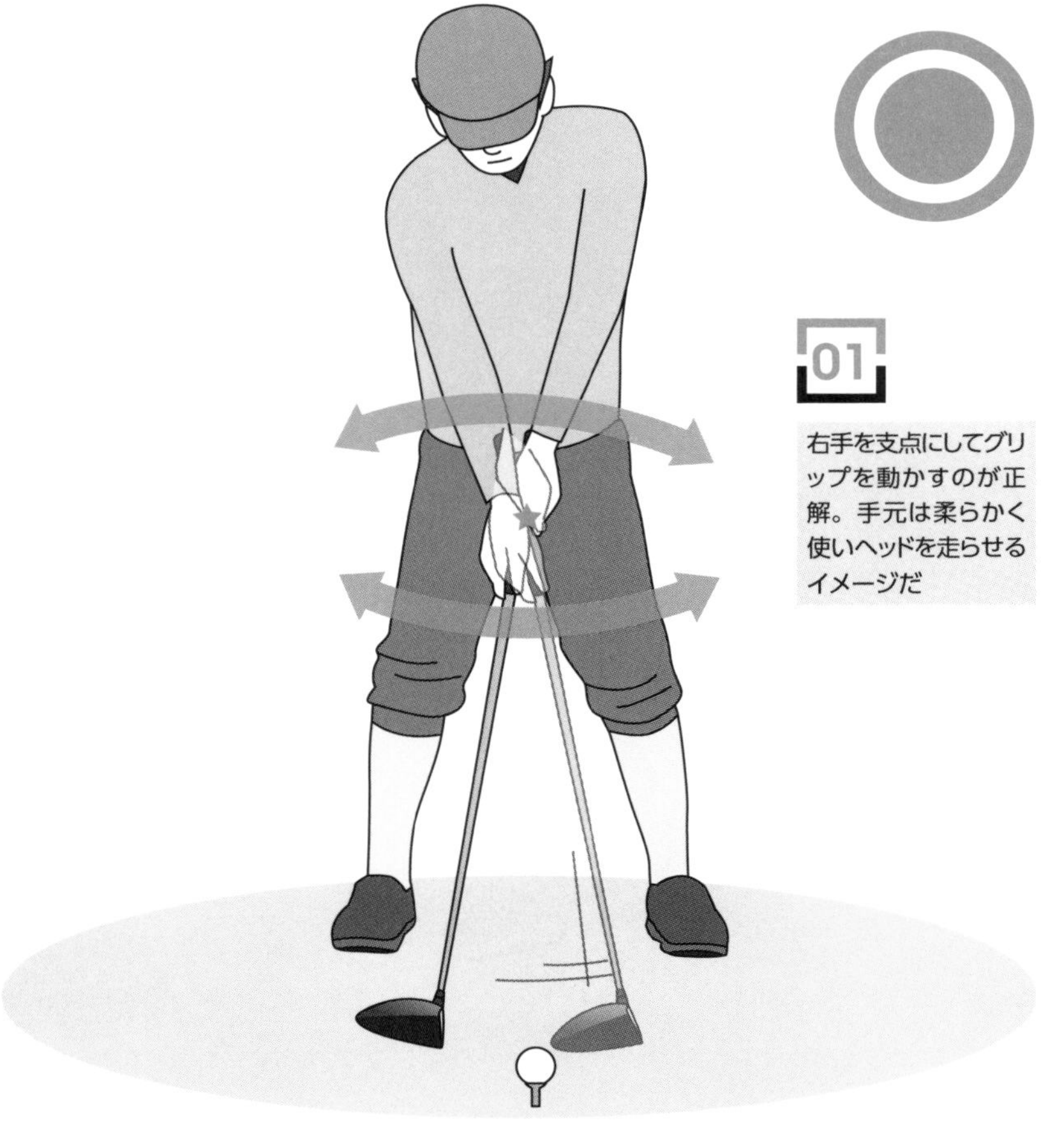

01

右手を支点にしてグリップを動かすのが正解。手元は柔らかく使いヘッドを走らせるイメージだ

テコを使えばスピードが上がり飛距離も出る

スイングを安定させヘッドを走らせるためのグリップ操作としてはテコの原理をイメージしてください。多くの方は1本の棒を大きく長く振ろうとしてクラブのスピードを上げられません。右手を支点としてグリップをテコのように動かせばヘッドスピードは上がり飛距離も期待できます。

テコを使った操作を意識したときに注意してほしいのがシャフトを回転させすぎてしまう動きです。そうではなく支点の向きを変えずにテコの原理で動かすことが重要です。

02

支点となる部分までシャフトを回転させてしまうとフェースの面が動きすぎてボールが曲がる原因となる。もちろん飛距離も出しにくい

スリークォーターでスイングを作っていこう

01

フルスイングを「1」としたらスリークォーターは「3/4」。テイクバックで左腕が地面と平行になるくらいが目安だ

グリップは指4本分くらい余らせて短く持つ

ここからはスイング作りをしていきますが、練習するときのスイングの幅はスリークォータースイングをおすすめします。なぜならフルスイングをしないことで、自分がどんな感じでスイングしているか客観的に感じやすく、しかも安定したスイングを習得しやすいからです。

スリークォータースイングで練習するときのグリップは通常よりも短くします。68ページで指2本分離して持つのが通常だと解説しましたが、それよりも短く指4本分くらい余らせて持ちましょう。

02

インパクトの安定性を高めるため、グリップは指4本分くらい余らせて短く持とう

ゴルフクラブの操作法⑥

スイングの最下点をボールの手前にイメージする

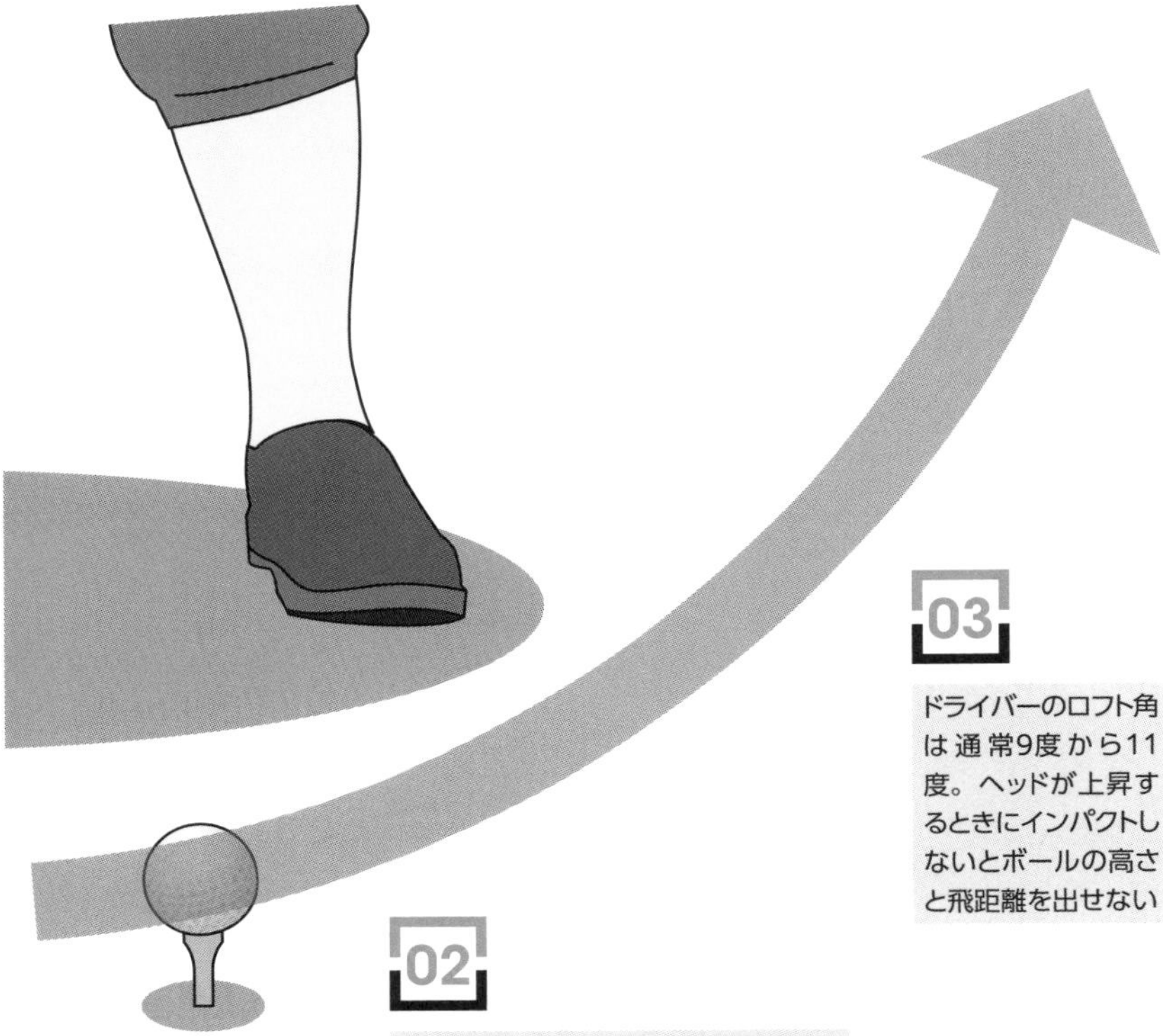

02

ドライバーでボールを打つときはティアップする。スイングの最下点にボールを置くとヘッドがボールの下をくぐるように通過するため下向きにインパクトしてしまいボールが上がらない

03

ドライバーのロフト角は通常9度から11度。ヘッドが上昇するときにインパクトしないとボールの高さと飛距離を出せない

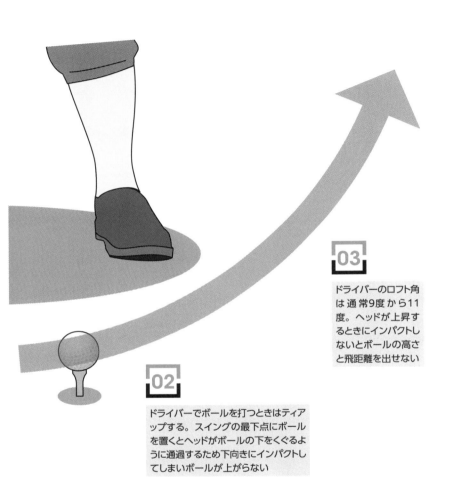

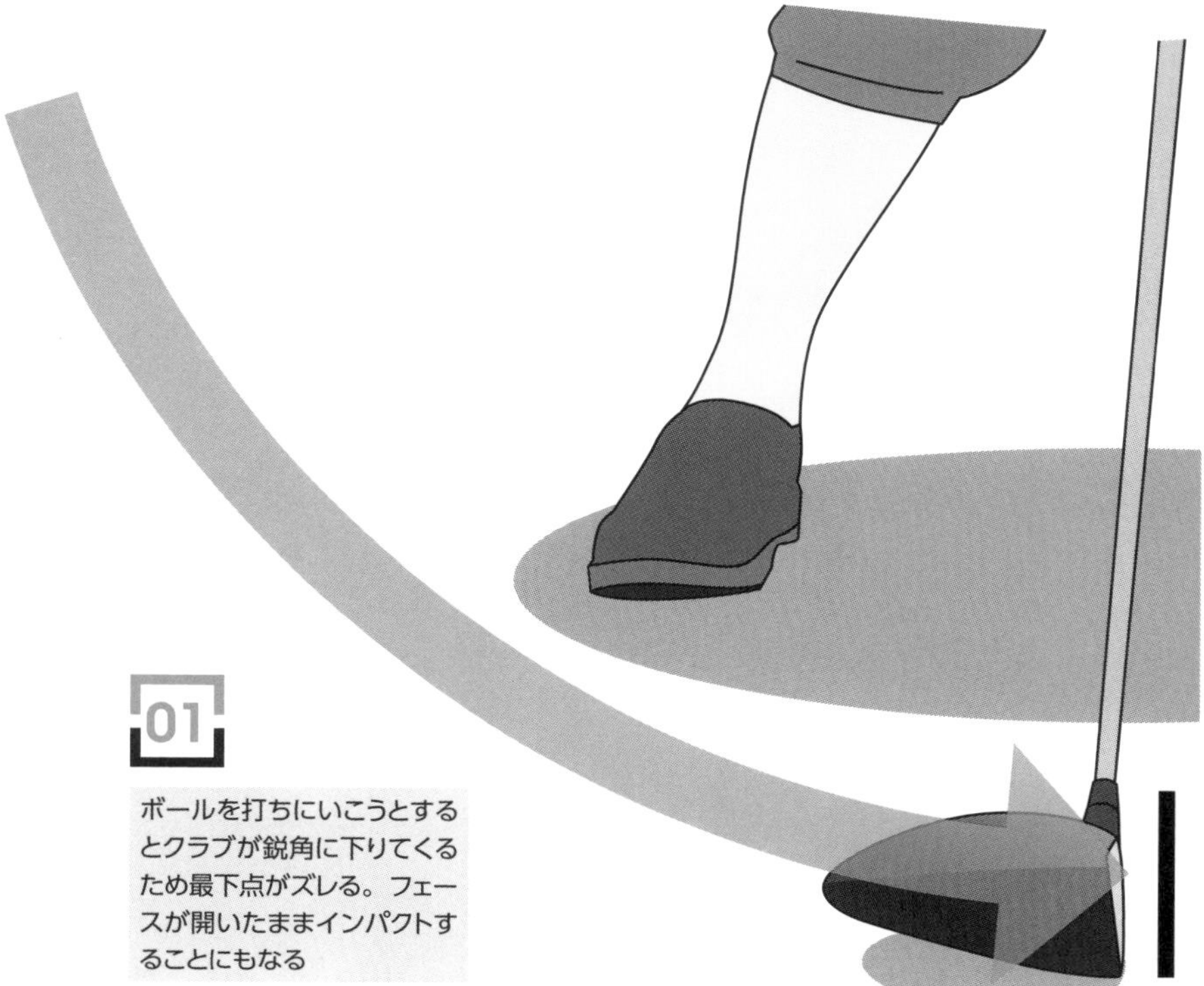

01

ボールを打ちにいこうとするとクラブが鋭角に下りてくるため最下点がズレる。フェースが開いたままインパクトすることにもなる

ドライバーの機能を100％引き出すボールの位置とは

スイングを作っていく際にインパクトのイメージを持つことは重要です。ボールをどのようにインパクトするのかを意識できているかどうかで結果は変わります。PART1でクラブの知識、PART2でインパクトの原理原則を説明しましたが、ドライバーのインパクト位置はスイングの最下点ではなく少し先になります。ヘッドは最下点を通ったあと上向きになった位置でインパクトすることで、適切なスピン量で飛んでいくからです。ドライバーの機能を100％引き出す位置を知っておきましょう。

フェースをスクエアまたはややオープンで構える

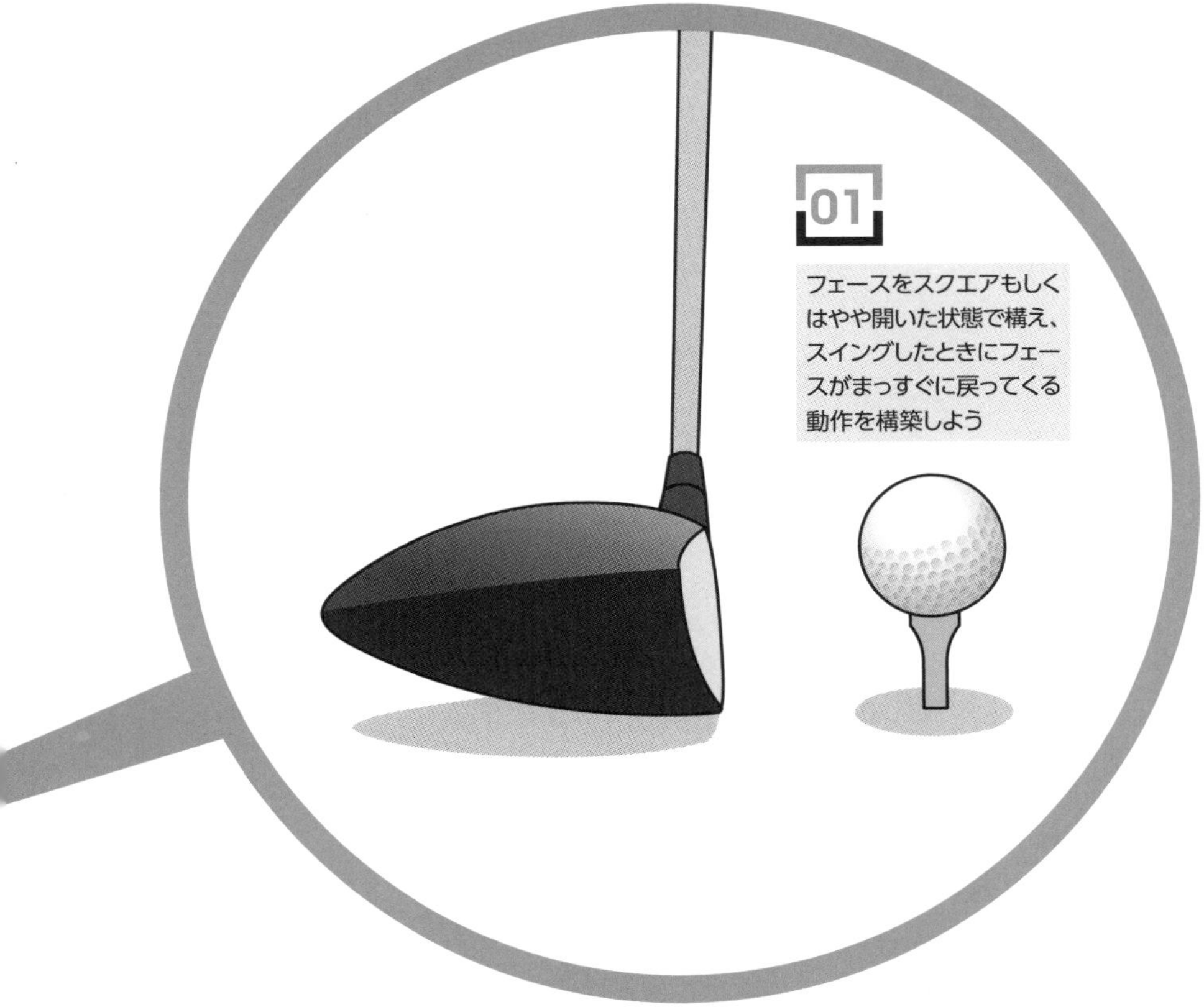
01
フェースをスクエアもしくはやや開いた状態で構え、スイングしたときにフェースがまっすぐに戻ってくる動作を構築しよう

ヘッドは開いたものが閉じる性質を持っている

ゴルフクラブ（ヘッド）は開いたものが閉じる性質を持っています。アドレスでフェースをスクエアまたはややオープンにすると、バックスイングからトップでフェースが開いた状態になります。そこから切り返していくとシャフトが自然と左に回っていき、インパクト時にフェースがまっすぐに戻ります。開いていたものが自然と閉じていくのが正しいスイングなのです。もしフェースをかぶせて構えてしまうと、インパクトでフェースを開かなければいけないため無理にヘッドを動かそうとしてしまうので注意しましょう。

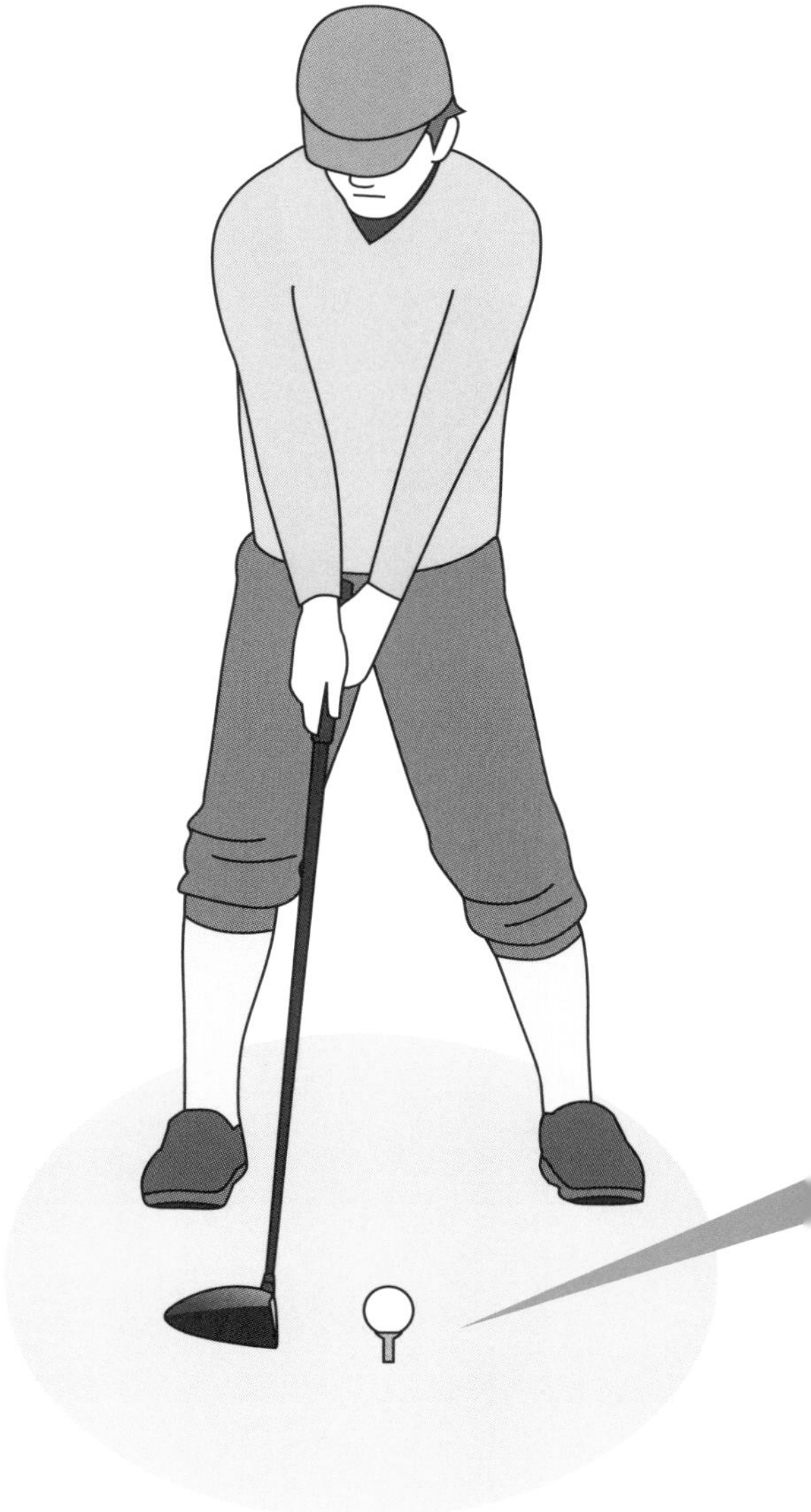

水平素振りで正しいスイングを構築する

5つのチェックポイントを確認しながら素振りをする

スイングを作っていくうえで実際に最初に行ってほしいのが水平素振りです。これはボールを打つための準備と言えます。

水平素振りを実践する際のチェックポイントが5つあります。まずグリップは引く動きです。71ページでも説明しましたがグリップを直線的に動かしていきます。2つ目はグリップを引いたときにシャフトが寝たものが起きるという動きです。ヘッドを操作するのではなくグリップを操作することでこの動きになっていきます。3つ目はシャフトを3回しならせることです。1、2、3のリズムで右に振り始めたときに逆に1回しならせ、左に切り返したときに2回目をしならせ、インパクトに向けたときに3回目をしならせます。4つ目は、テコの動きを使ってグリップを支点にクラブを水平に振っていきます。最後にバックスイング時に肩が90度回っていることと、右ヒジが引けずに体の前にヒジが位置していることを確認します。

この5つを意識しながら水平素振りをします。しっかりできてきたら少しヘッドを下げた位置で素振りをして、最後にボールを打つ位置で素振りをしたあと、実際にボールを打っていきます。

グリップを直線的に動かす

01

グリップを回すように使うのではなく引いて動かす

02

グリップを直線的に動かしていくことがポイントだ

シャフトが寝たものが起きる

01

バックスイングをするとヘッドに重みがあるのでシャフトが寝る

02

そこからスイングしていくと寝たシャフトが起きていく。この動きをイメージする

シャフトを3回しならせる

03
インパクトまでスイングをするときにシャフトは逆方向に3回目のしなり（しなり戻り）
01
正面にあるクラブを右方向に動かしていくときに逆方向にシャフトがしなる
02
クラブを切り返し戻そうとするときに、シャフトは2回目のしなり

テコの動き

01

グリップの右手を支点にテコの動きでグリップを操作する

肩は90度回っている

01

バックスイングで肩は90度回っている状態にする

02

右ヒジが開いたり上がったりせず、体の中に収まっているのがポイント

上段、中段、下段の位置で振る

03

そして、ボールに構えた位置で素振りをしてから、実際にボールを打つ。スイングはスリークォーターで行う

01

水平の位置で素振りをする。目線はボールのほうを向いているようにする

02

水平素振りを3回を目処に振ったら中間の位置で3回連続で素振りをする

「ヘッドスピード×6ヤード」自分の飛距離の目安を知る

ショットができているかの判断は飛距離で分かる

スリークォーターショットを練習したときに、しっかりできているかどうかの確認は飛距離で判断できます。ヘッドスピードから割り出される計算式で、その飛距離が出ていればスリークォーターショットは問題ないというわけです。

通常打つと、ヘッドスピード×6ヤードが基準となります。ヘッドスピード40でしたら約240ヤードは飛ぶ計算です。スリークォーターショットでしっかり打てれば90%は飛ぶ計算になります。つまり約216ヤードは飛ぶはずなのです。ヘッドスピードを計測できるスマートフォンアプリもありますので、実際に計って試してみることをおすすめします。

ドライバー飛距離の計算式

ヘッドスピード × 6ヤード

例

ヘッドスピード40の場合

ヘッドスピード40 × 6ヤード ＝約240ヤード

練習場の場合

※練習場のボールは飛距離が落ちる

ヘッドスピード40 × 5.4ヤード ＝約216ヤード

01

飛距離はキャリーではなく、ランも含めた距離になる。ゴルフ場の芝の状態や地面の状況で飛距離も変わる可能性があるので目安として考えよう

ゴルフクラブの操作法⑩

しっかりバチン！と強く叩くイメージで打つ

01

ボールに対してクラブヘッドを「バチン！」とぶつけていく気持ちでフルショットしていこう

大きく速く振ろうという
イメージにする必要はない

スリークォーターショットが上手くできるようになったらフルショットに繋げましょう。フルショットを練習するときも、水平素振り、中間素振り、通常のスイング位置での素振りをしてからボールを打ちましょう。素振りはスリークォーターで構いません。

フルショットはしっかり打とうとする分、スイングが自然と大きくなります。ですので、意識としては大きく振ろう、速く振ろうではなく、しっかりと「バチン！」と強く叩くイメージを持ちましょう。

Summary
まとめ

ゴルフスイング 習得のポイント

スイングを覚えるには順序が大事

体の動かし方が重視されがちだが、 正しくはクラブ操作でありインパクト。 ヘッドの芯でボールを捉えるためにはどうクラブを扱うか。 クラブの取り扱い方法からスイング作りを始めよう。

グリップは長く持たない

クラブ操作をしやすくするためにもグリップは長く持ちすぎず、 指2本程度余らせることがポイント。 操作性が良くなれば、 振り遅れやミスショットを減らすことができる。

グリップを直線的に動かす

クラブヘッドを円を描くように回すイメージがあるが、 グリップを回すようにしてしまうとスイングは不安定になる。 グリップは直線的に動かすことで安定する。

クラブヘッドを右回りさせる

ゴルフクラブの設計上、 プレーヤーから見てヘッドを右に回していくことで、 自然に回転しヘッドスピードが出せるスイングとなる。 左回りスイングは力任せに振っている証拠だ。

テコの原理を使って操作する

グリップを操作していくイメージはテコの原理を活用する。 右手を支点にしてグリップを動かし、手首を柔らかく使うことでヘッドが走ってくれる。

水平素振りでスイングを構築する

スリークォータースイングをスイング作りの基本としつつ、 水平素振りからスイングを構築することがおすすめ。 ショットが作れてきたらフルショットで強く叩くイメージで打とう。

PART 5

クラブ操作が身につくドリル

前章で「ゴルフスイングはクラブを右回りをさせること」が重要だと解説しました。ここで紹介するドリルは右回りスイングをマスターするための練習方法です。クラブの正しい操作法を身につけましょう。

インパクトバッグドリル

クラブヘッドを走らせつつ右回りのスイングが身につく

ハンドファーストでのインパクトを意識する

PART4でも説明していますが、ゴルフクラブは右回り運動をさせることが重要で、右回り運動を早く習得させたり、イメージしやすいのがこのドリルを行う意味でもあります。

実践する際のポイントはハンドファーストでのインパクトを意識しながらヘッドを走らせること。グリップを先行させて強く叩ける体の状態を作り出すことが重要です。スイングとは、クラブがずっと動いている中でインパクトを迎えます。ですのでインパクトで止めるという意識ではなく、強く叩ききることが重要です。強いインパクトを体に染み込ませましょう。

インパクトの形をイメージするのに適したドリルがインパクトバッグという器具を使った練習方法です。インパクトバッグは、ゴルフショップはもちろんインターネットショップで購入ができるものです。中にバスタオルやクッションを入れてゴルフクラブで叩いても問題のないようにセッティングします。バッグが軽く前方に飛んでいってしまう場合は3kg程度の鉄アレイなどの重りを入れても良いでしょう。

このドリルはクラブヘッドを走らせながら打つ動きが習得できます。

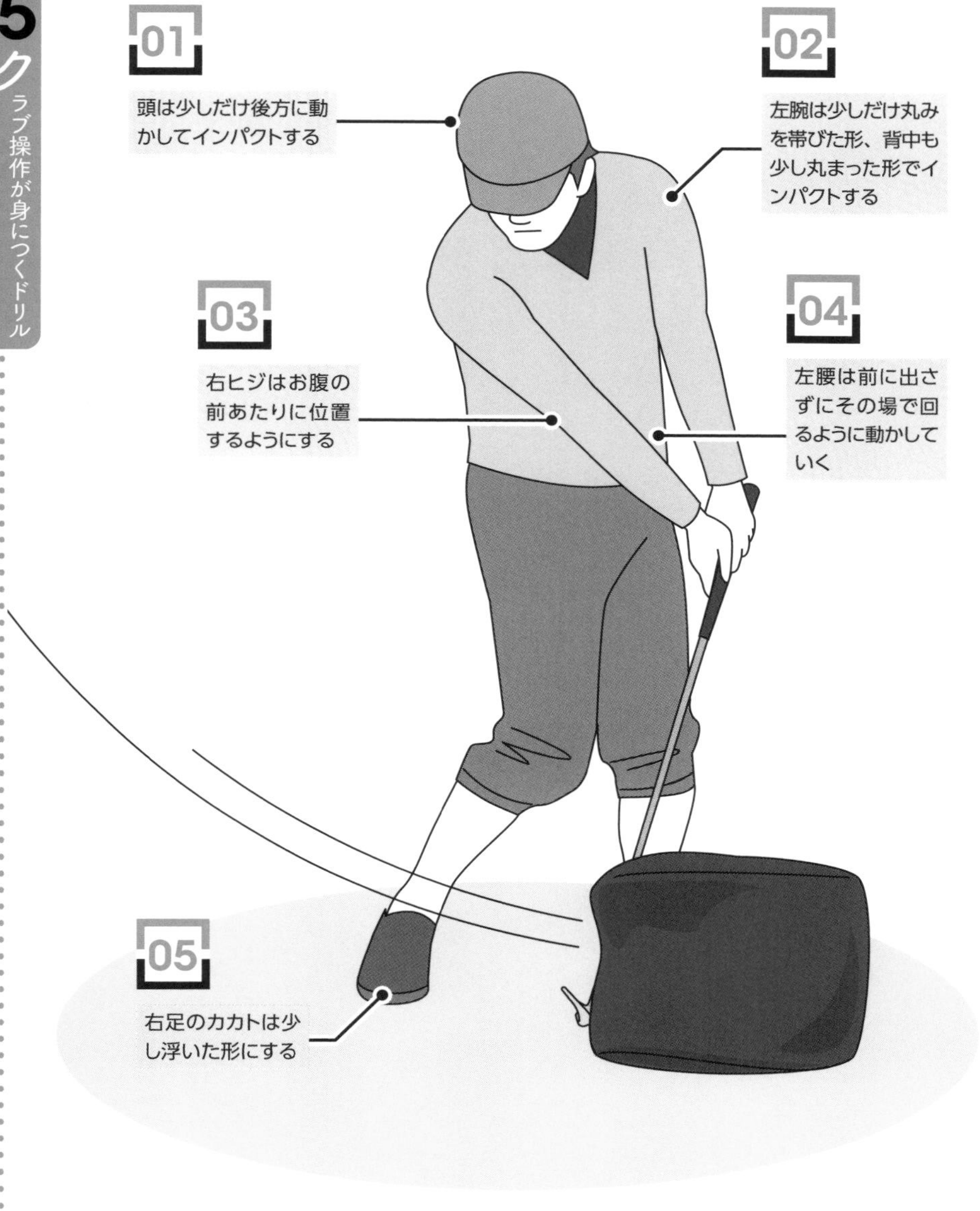
01
頭は少しだけ後方に動かしてインパクトする
02
左腕は少しだけ丸みを帯びた形、背中も少し丸まった形でインパクトする
03
右ヒジはお腹の前あたりに位置するようにする
04
左腰は前に出さずにその場で回るように動かしていく
05
右足のカカトは少し浮いた形にする

シールトレーニング

どこでインパクトしたかの感覚を打った瞬間に分かるようにする

フルショットではなくスリークォーターで始める

ボールをフェースの芯に当てることが重要だということは解説してきましたが、1球1球フェースのどこに当たったかを予想しながらチェックをすることはとても大切です。どこで打っているかの感覚を養うのに適したドリルがシールトレーニングです。フェース面にシール（ゴルフショップやインターネットショップで300円くらいで手頃に購入可能。スプレータイプもある）を貼り、打球根が分かるようにします。

実際にショットでフェース面のどこに当たり、どんな打球になるのか

01

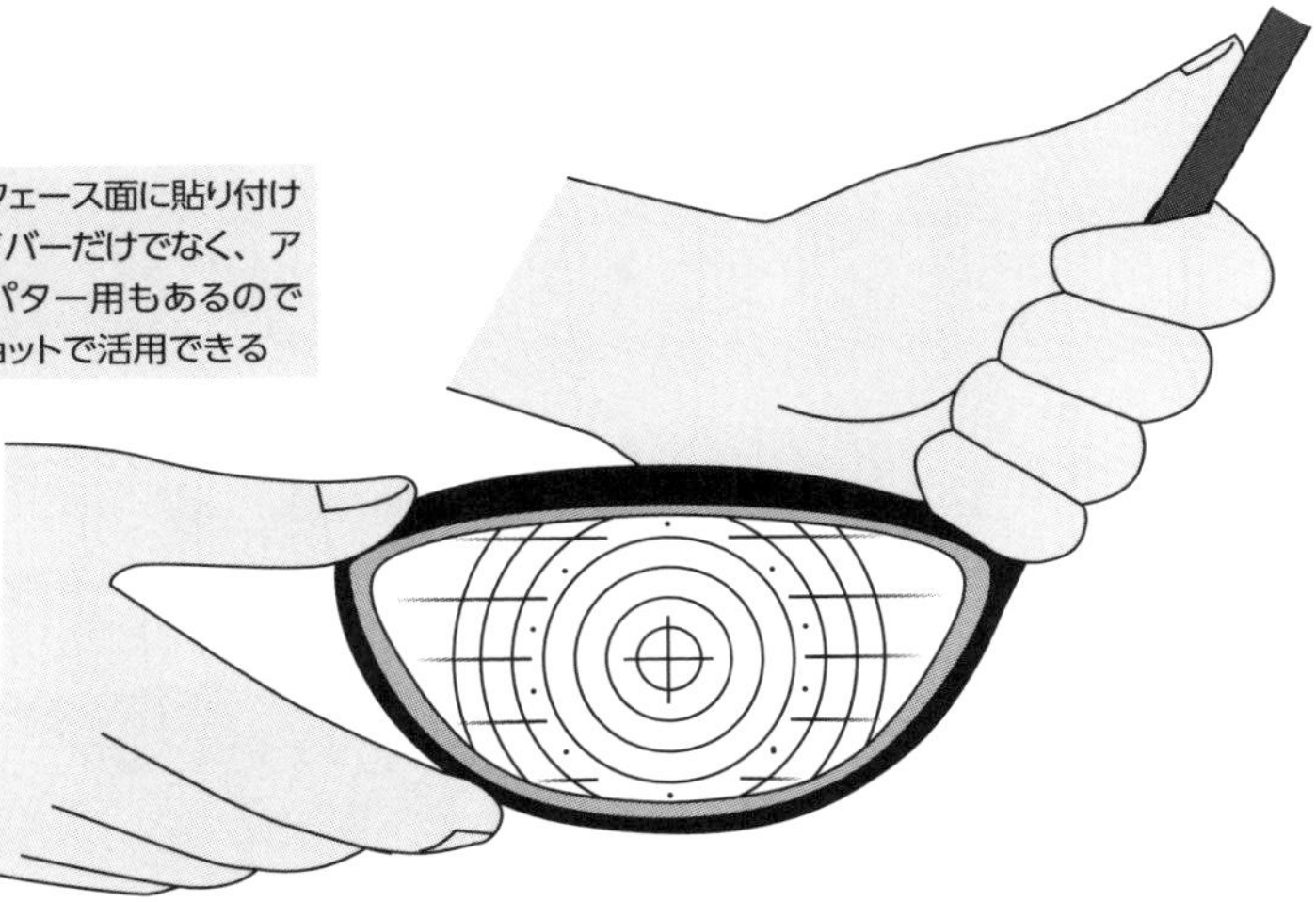

シールをフェース面に貼り付ける。ドライバーだけでなく、アイアンやパター用もあるので様々なショットで活用できる

を確認できれば、もし問題点があるとしたら正しく原因を追求できます。

芯に当てる技術を高めるためにもシールトレーニングドリルはとてもおすすめです。練習をしたときに上手く芯に当たらないなという方は、フルショットではなくスリークォーターのスイング幅に抑えて練習しましょう。

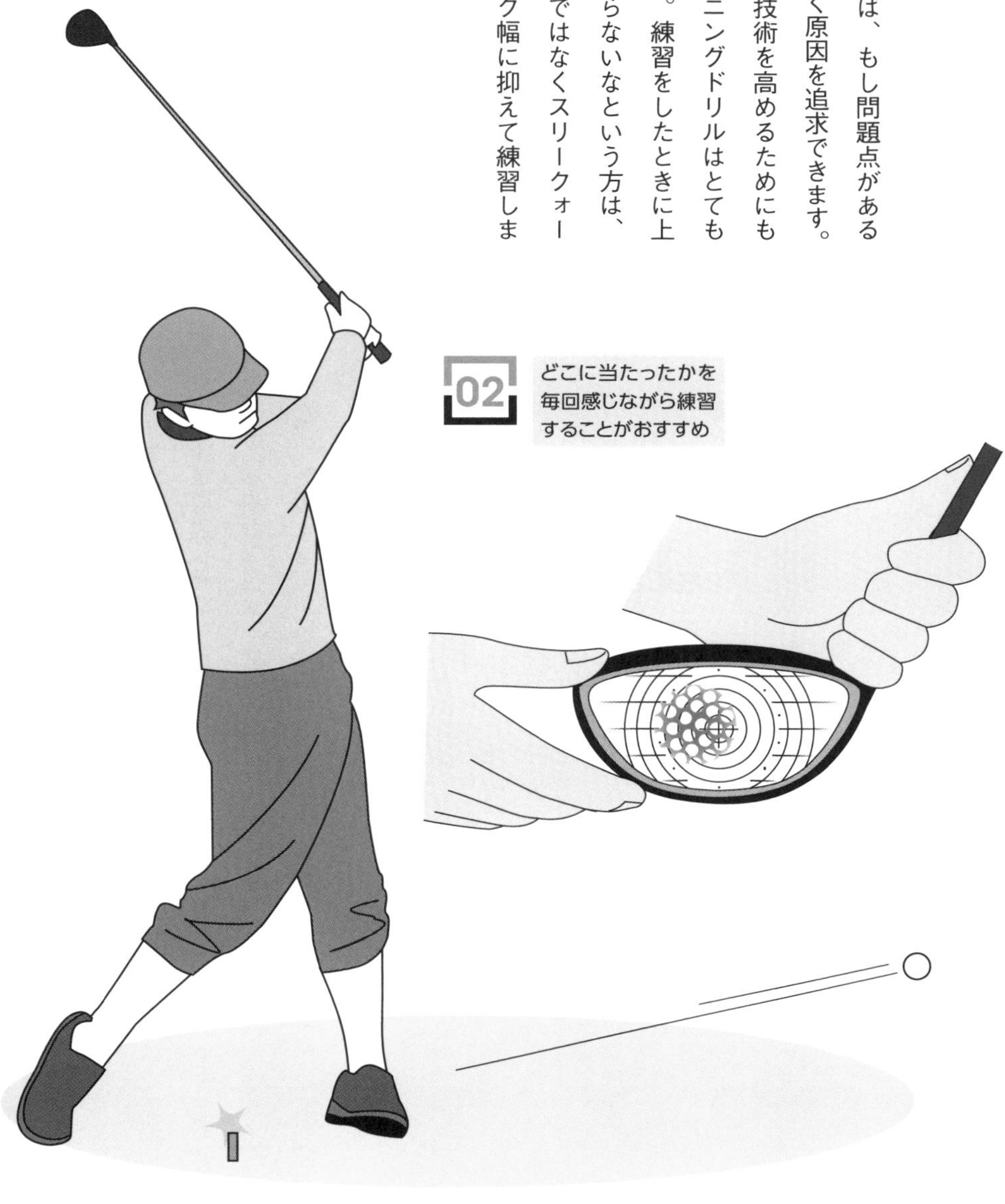

03 打ったあとに「少しトー寄りに当たったな」など当てられるようになるとイメージできている証拠

02 どこに当たったかを毎回感じながら練習することがおすすめ

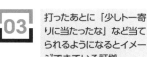

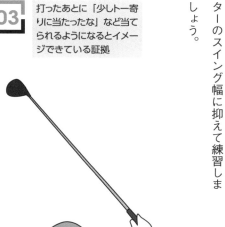

ヘッドの重さと重心を感じつつ振り子運動を感じられるドリル

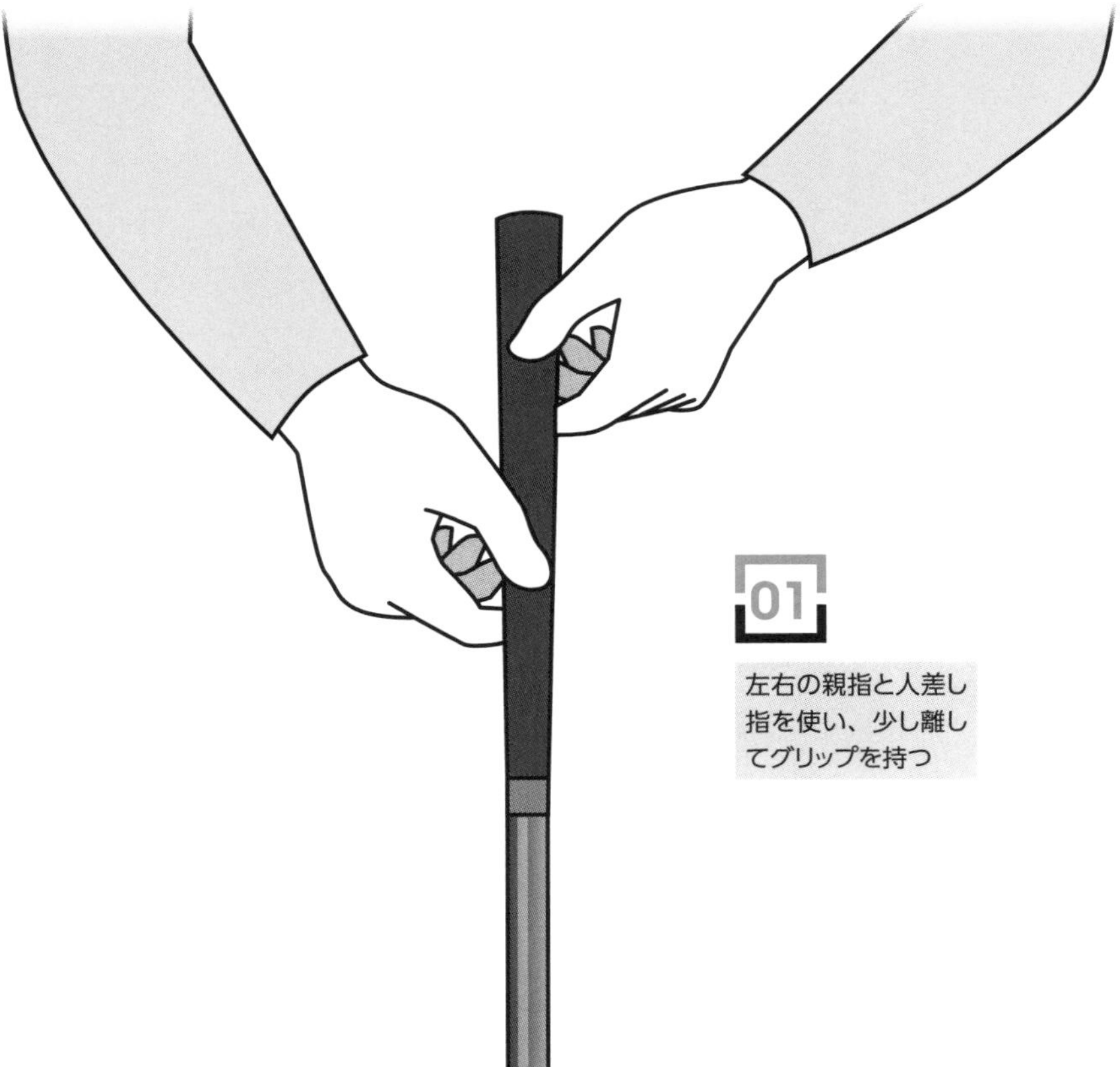

01

左右の親指と人差し指を使い、少し離してグリップを持つ

力むと慣性を阻害しスイングが安定しない

グリップを動かすことでゴルフクラブを操作することは前述してきました。振り子運動であり支点（グリップ）に対してヘッドが慣性で動くことを感じるドリルがつまみ打ちです。グリップに力が入ると慣性を阻害してしまいます。これが「力み」です。

阻害しないようにヘッドの重み、重心を感じながらスイング運動をするのが理想的です。

これをすることでインパクトの軌道の再現性が高くなりフェースの向きが安定します。右回り運動をさせるためのドリルでもあります。

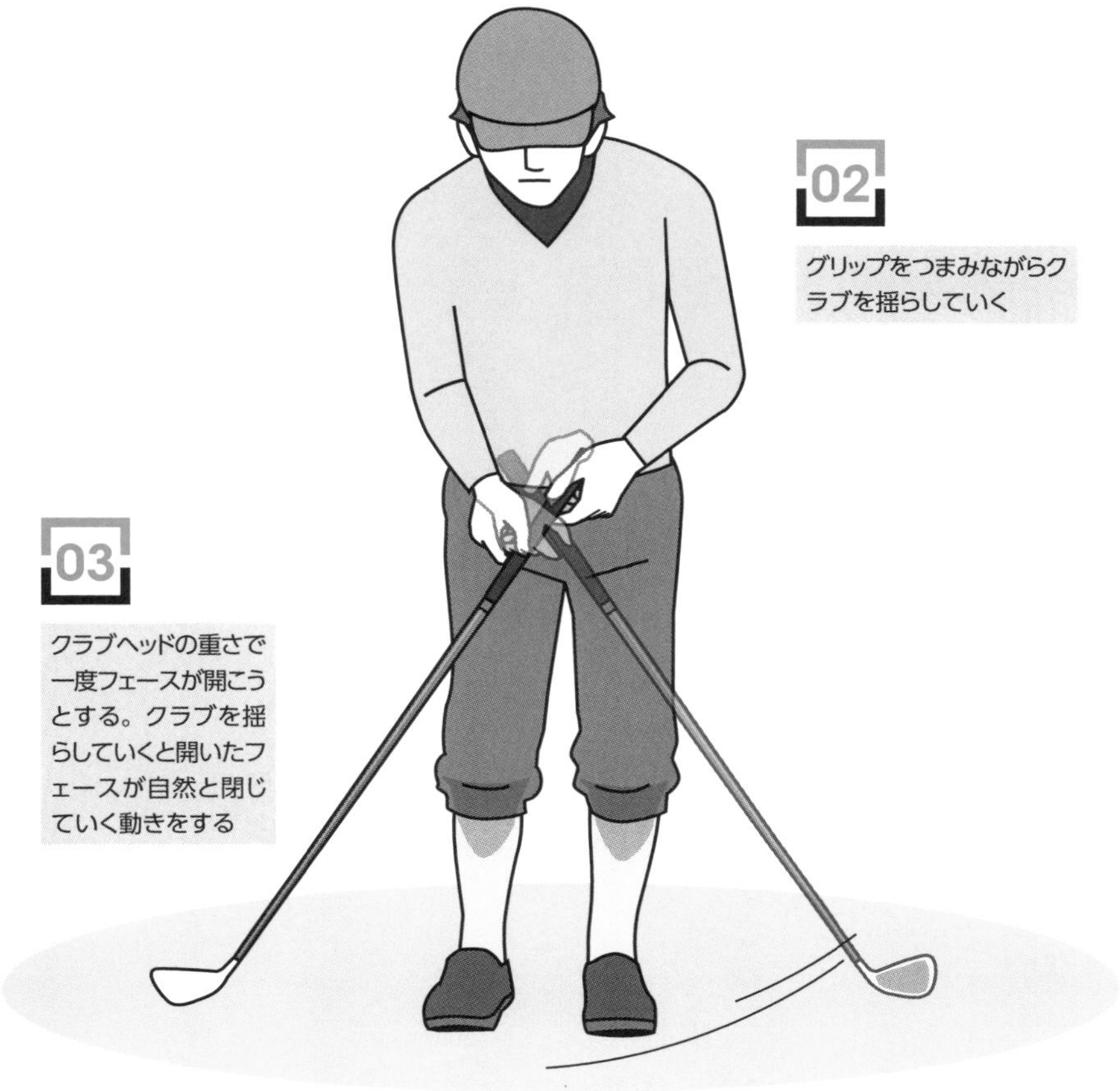

02

グリップをつまみながらクラブを揺らしていく

03

クラブヘッドの重さで一度フェースが開こうとする。クラブを揺らしていくと開いたフェースが自然と閉じていく動きをする

つまみ打ちで地面をこする

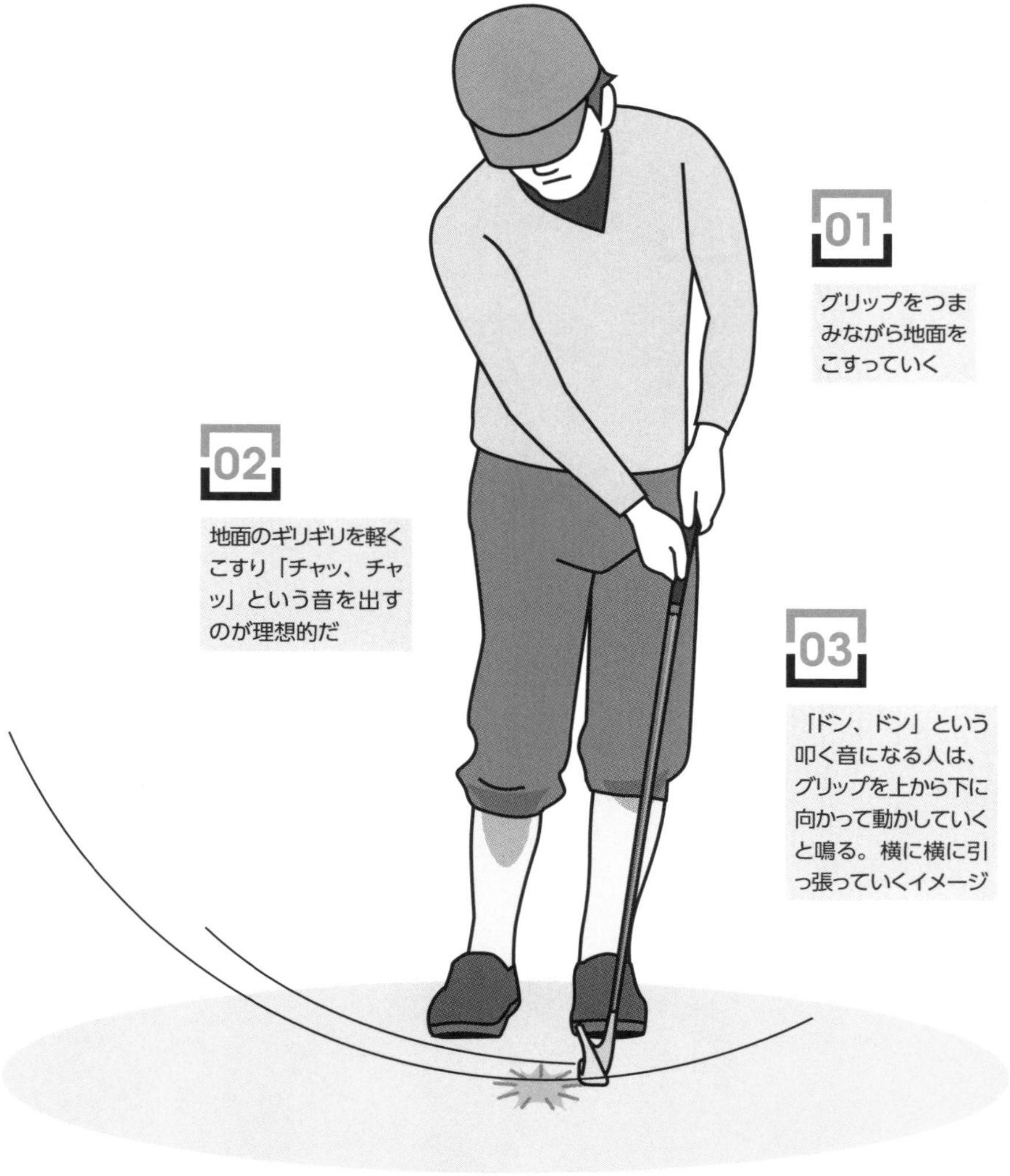

01

グリップをつまみながら地面をこすっていく

02

地面のギリギリを軽くこすり「チャッ、チャッ」という音を出すのが理想的だ

03

「ドン、ドン」という叩く音になる人は、グリップを上から下に向かって動かしていくと鳴る。横に横に引っ張っていくイメージ

つまみ打ちでボールを打つ

01
実際にボールを打っていく。構えはあまり考えなくてOK
02
手だけでゆらゆら揺らしながらボールを打っていく
03
手でつまんだだけでも打った良い感触を体感できる。クラブが自然と動きたがるグリッププレッシャーを保とう

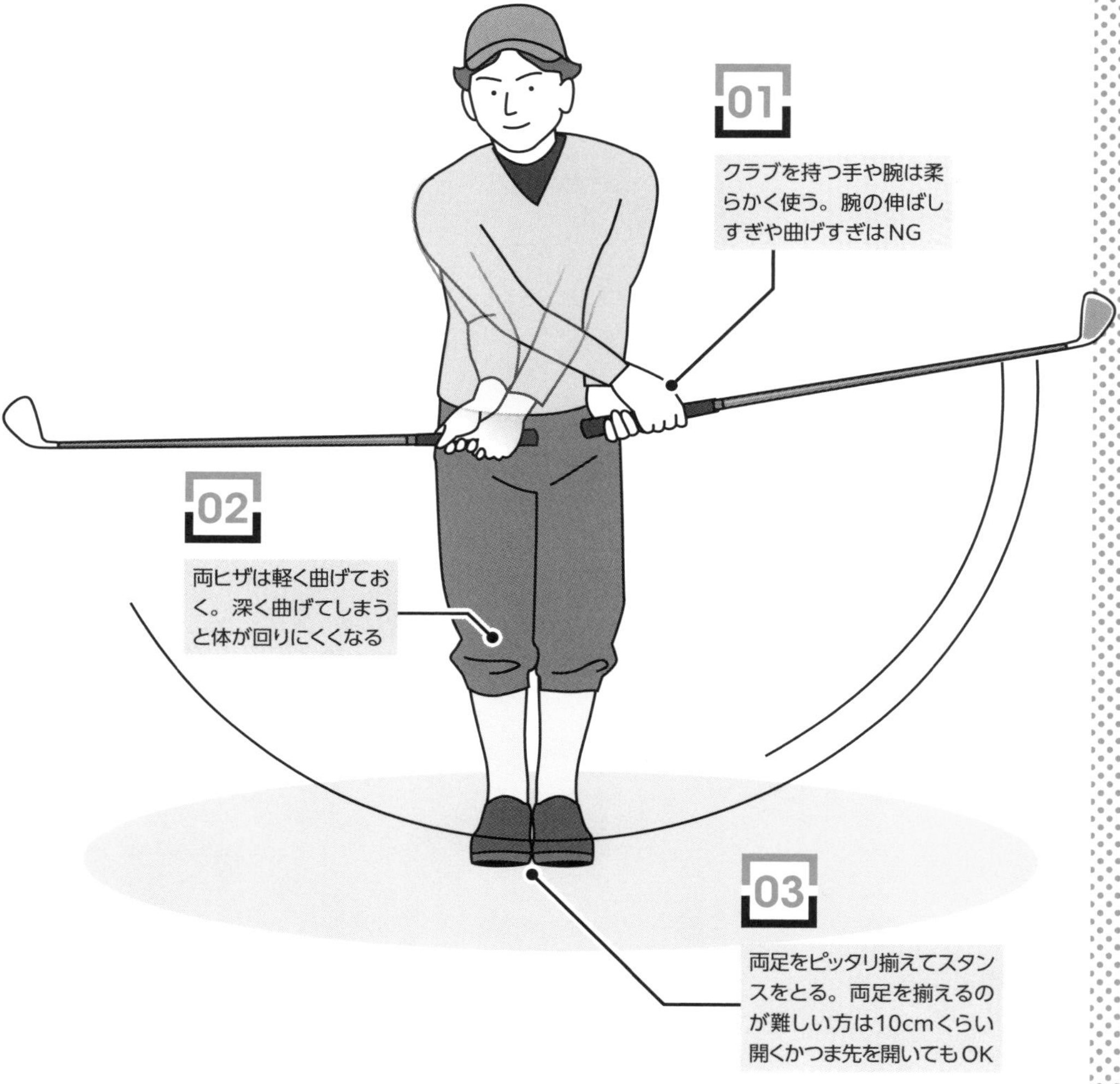
01
クラブを持つ手や腕は柔らかく使う。腕の伸ばしすぎや曲げすぎはNG
02
両ヒザは軽く曲げておく。深く曲げてしまうと体が回りにくくなる
03
両足をピッタリ揃えてスタンスをとる。両足を揃えるのが難しい方は10cmくらい開くかつま先を開いてもOK

両足揃えドリル

クラブを効率良く使えていれば両足揃えでも約90%の飛距離は出る

腕をムチのようにしなやかに使うことがポイント

両足を揃えて体の動きに制限を加えても、クラブを上手く、体も自然に動かせればスイングはできます。

クラブだけで効率良くまっすぐ遠くにボールを飛ばせるんだということを知ることのできるドリルです。

腕をムチのようにしなやかに使うことがポイントです。スイングしながらヒジが軽く曲がる程度がベスト。

クラブを速く振れればOKです。両足揃えドリルで正しくボールが打てるようになると自分の持つ最大飛距離の約90%は飛びます。つまり、クラブの使い方次第で飛距離アップは可能になります。

04
ボールを打つ前に素振りをする。振ったあとに足や体が動かないようにする
05
地面を軽くこするようなイメージで振っていく

06
肩の高さを基準に体を回しながらクラブを振ってボールを打つ

インパクトゾーンの安定性を高めスイングの再現性を良くする

02

スイングするときはグリップを引っ張ってクラブを動かしていく

Point
右足のカカトはやや後ろに上げるように立ち上げていく

切り返しで一回止まり反動をつけてスイングする

スイングの再現性を高めインパクトの安定度を良くするドリルが「ストップ&ゴー」です。バックスイングをしていき切り返しの位置で一回止まり、そこから反動をつけてスイングしていきます。

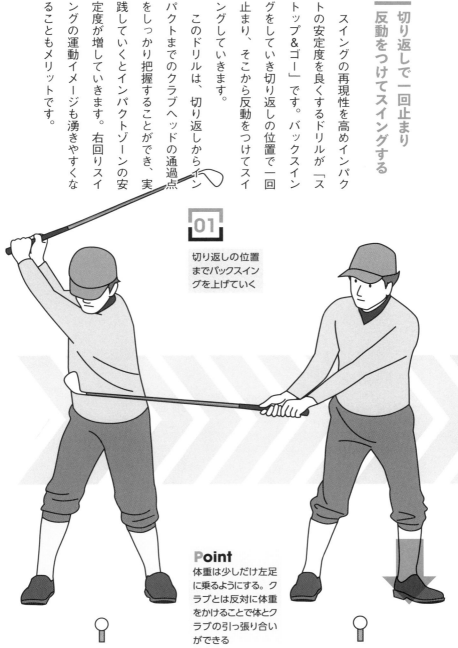

このドリルは、切り返しからインパクトまでのクラブヘッドの通過点をしっかり把握することができ、実践していくとインパクトゾーンの安定度が増していきます。右回りスイングの運動イメージも湧きやすくなることもメリットです。

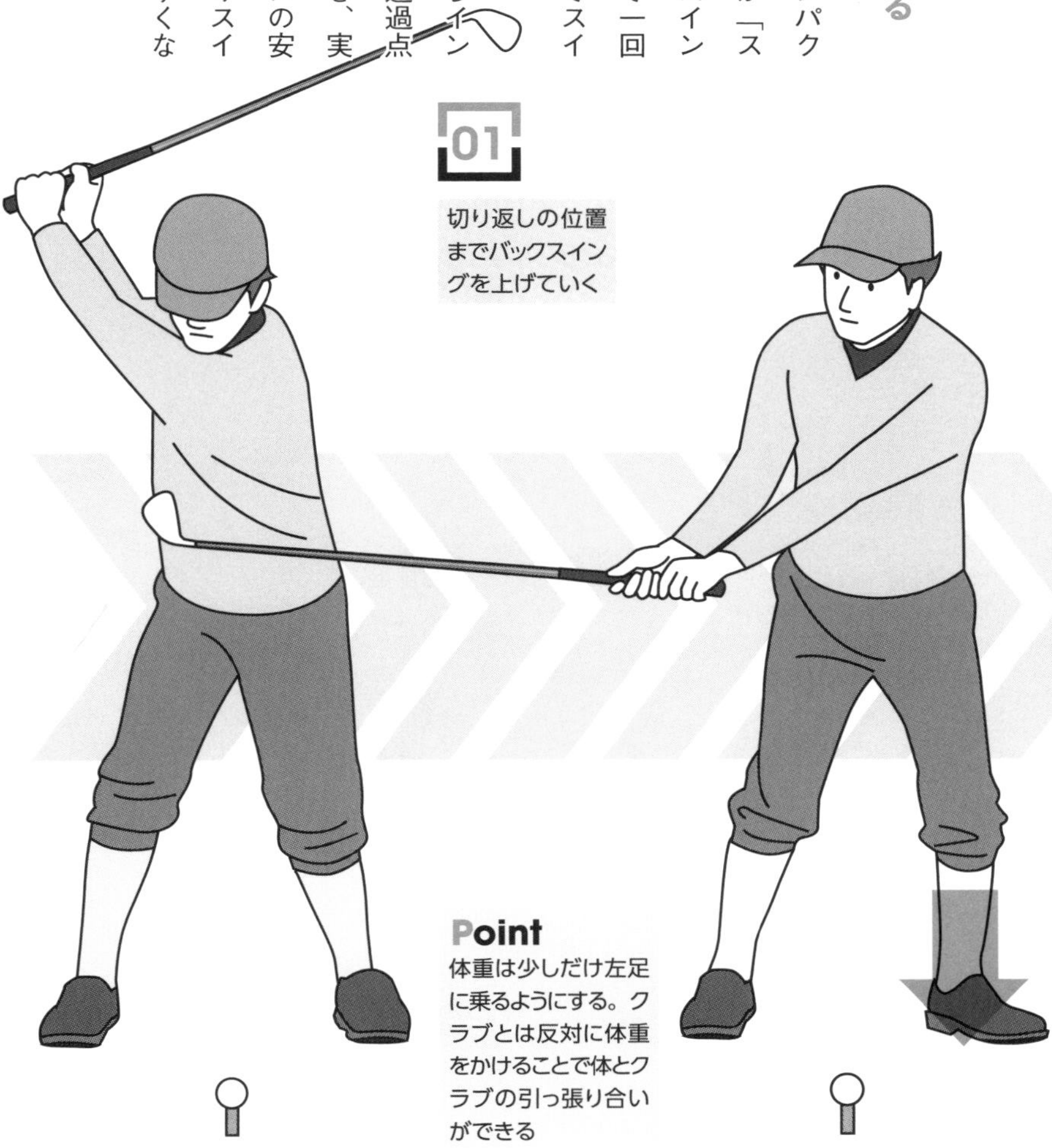

01
切り返しの位置までバックスイングを上げていく

Point
体重は少しだけ左足に乗るようにする。クラブとは反対に体重をかけることで体とクラブの引っ張り合いができる

良いスイングをするための体の動きが身につく

体のサイドを縮める側屈の動き

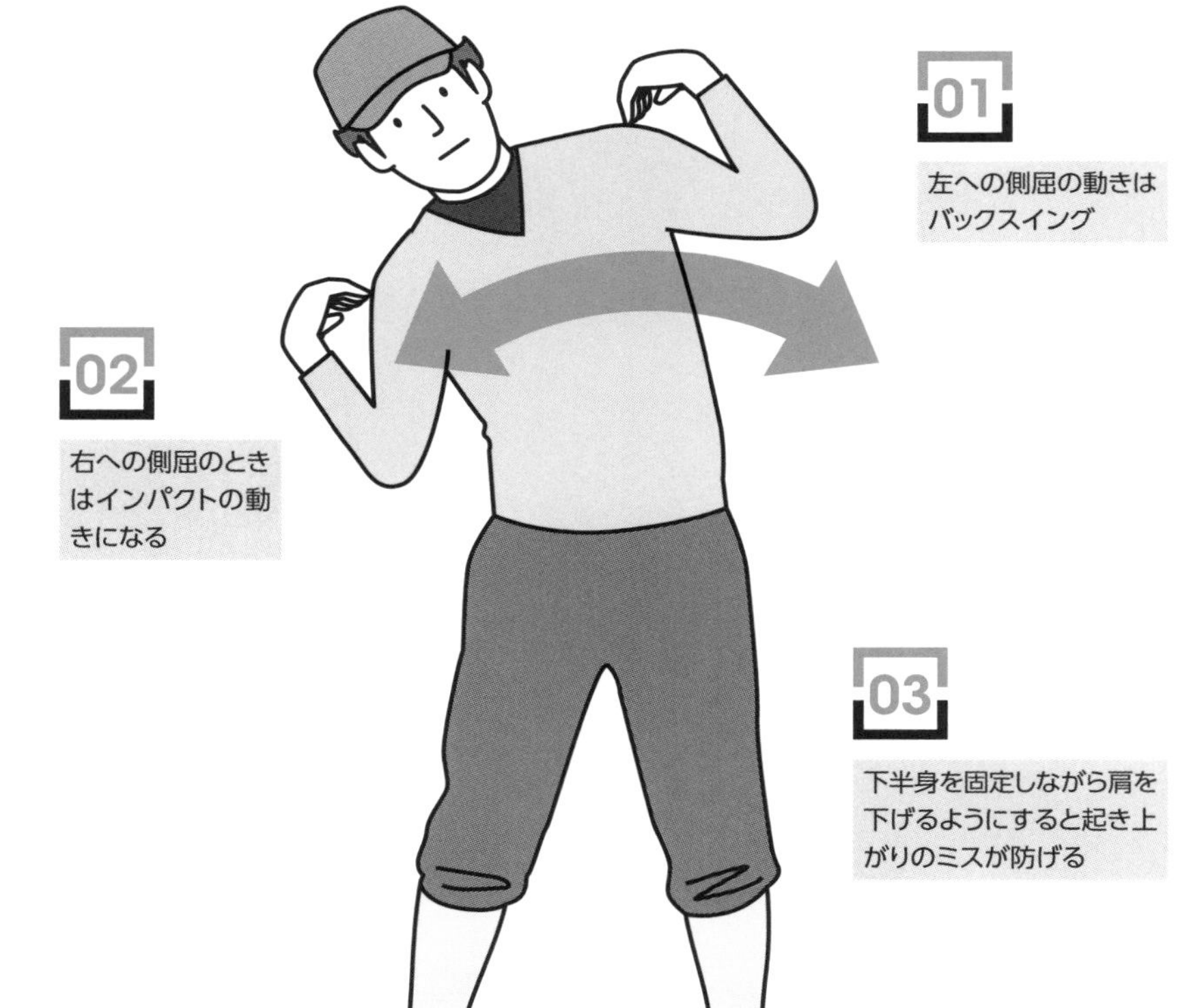

01

左への側屈の動きはバックスイング

02

右への側屈のときはインパクトの動きになる

03

下半身を固定しながら肩を下げるようにすると起き上がりのミスが防げる

体の5つの動作ポイントをスイングにつなげていく

ゴルフスイングにおける体の動作ポイントを紹介します。スイング動作の設計図を理解するためにもぜひ実践してください。動きのポイントは5つです。体を左右に傾ける側屈の動き。体を左右に回す回転の動き。スイングの場面場面ででてくる前屈と後屈の動き。場面によって閉じたり開いたりする胸の動き。最後に首。ボールに対して体を回すので首は残っていますが、実際には首も動かしています。これらを複合して滑らかに動かすとお手本のようなスイングになります。

体を左右に回していく回転の動き

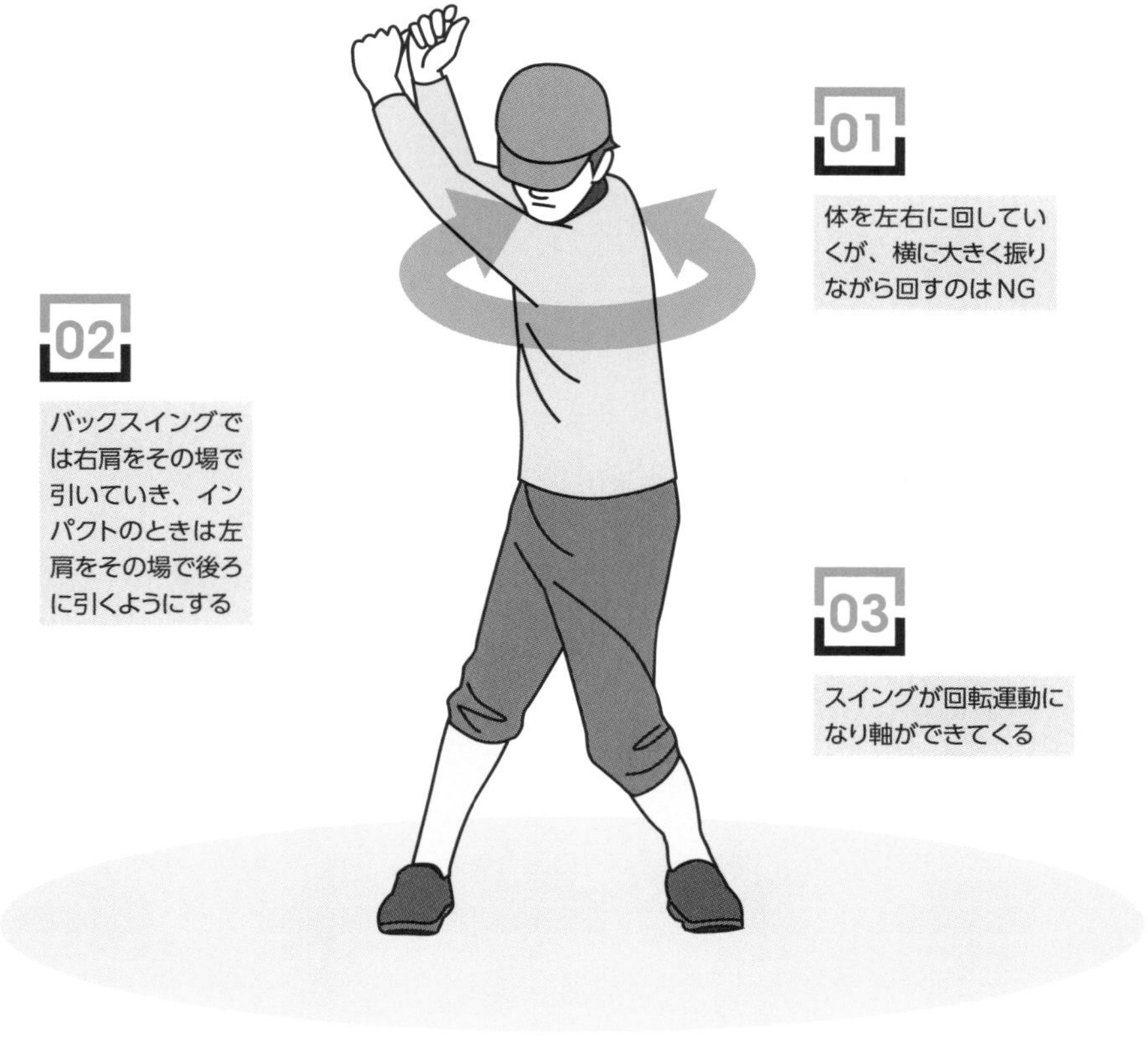

01
体を左右に回していくが、横に大きく振りながら回すのはNG

02
バックスイングでは右肩をその場で引いていき、インパクトのときは左肩をその場で後ろに引くようにする

03
スイングが回転運動になり軸ができてくる

前屈と後屈の動き

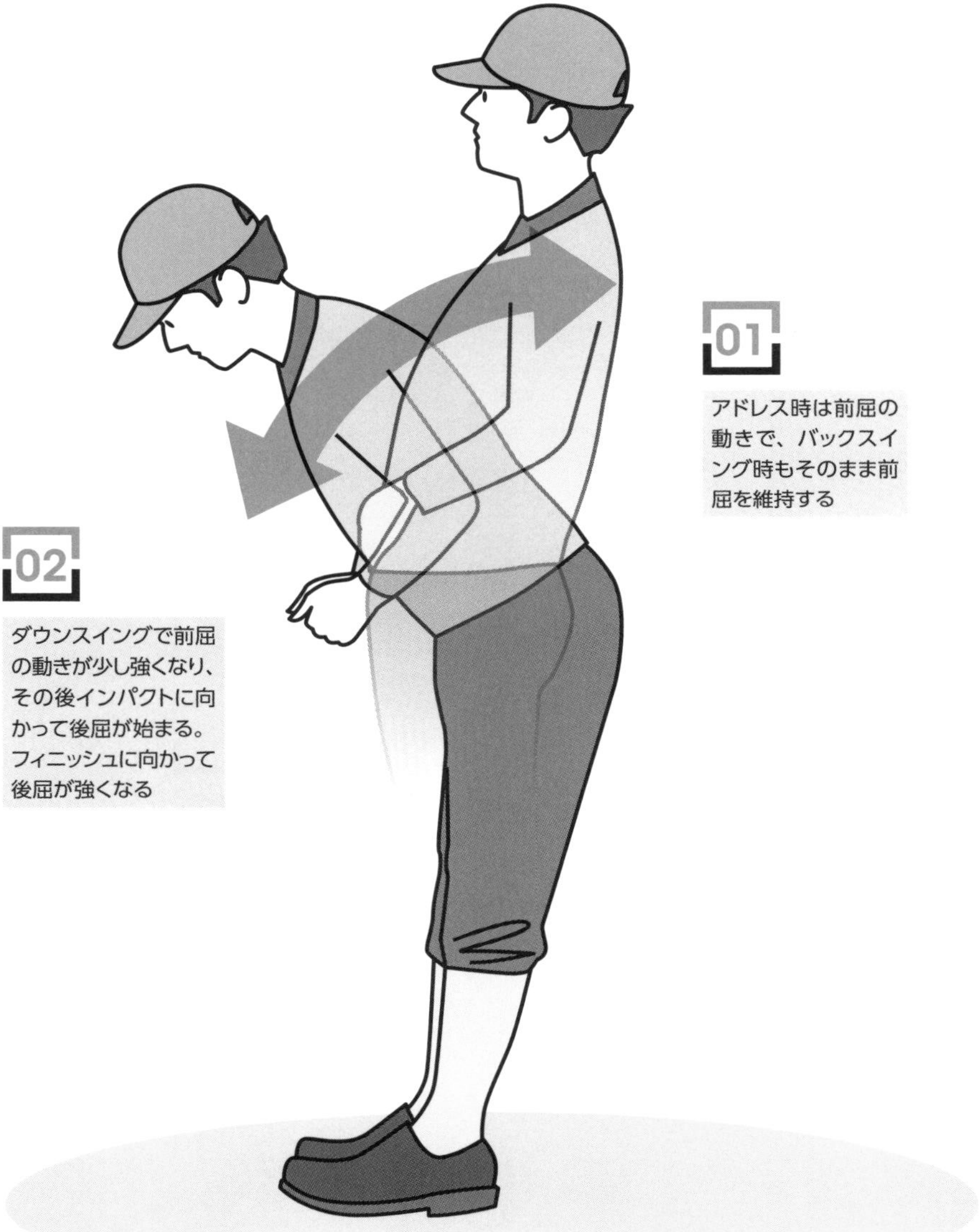

01

アドレス時は前屈の動きで、バックスイング時もそのまま前屈を維持する

02

ダウンスイングで前屈の動きが少し強くなり、その後インパクトに向かって後屈が始まる。フィニッシュに向かって後屈が強くなる

胸（胸郭）の動き

01

アドレスで胸を閉じている状態から、バックスイングで胸を開くように使いインパクト時にまた胸を閉じ、インパクト後に胸を開いていく

02

胸の動きがあることでカッコいいスイング姿勢が作れる

首の動き

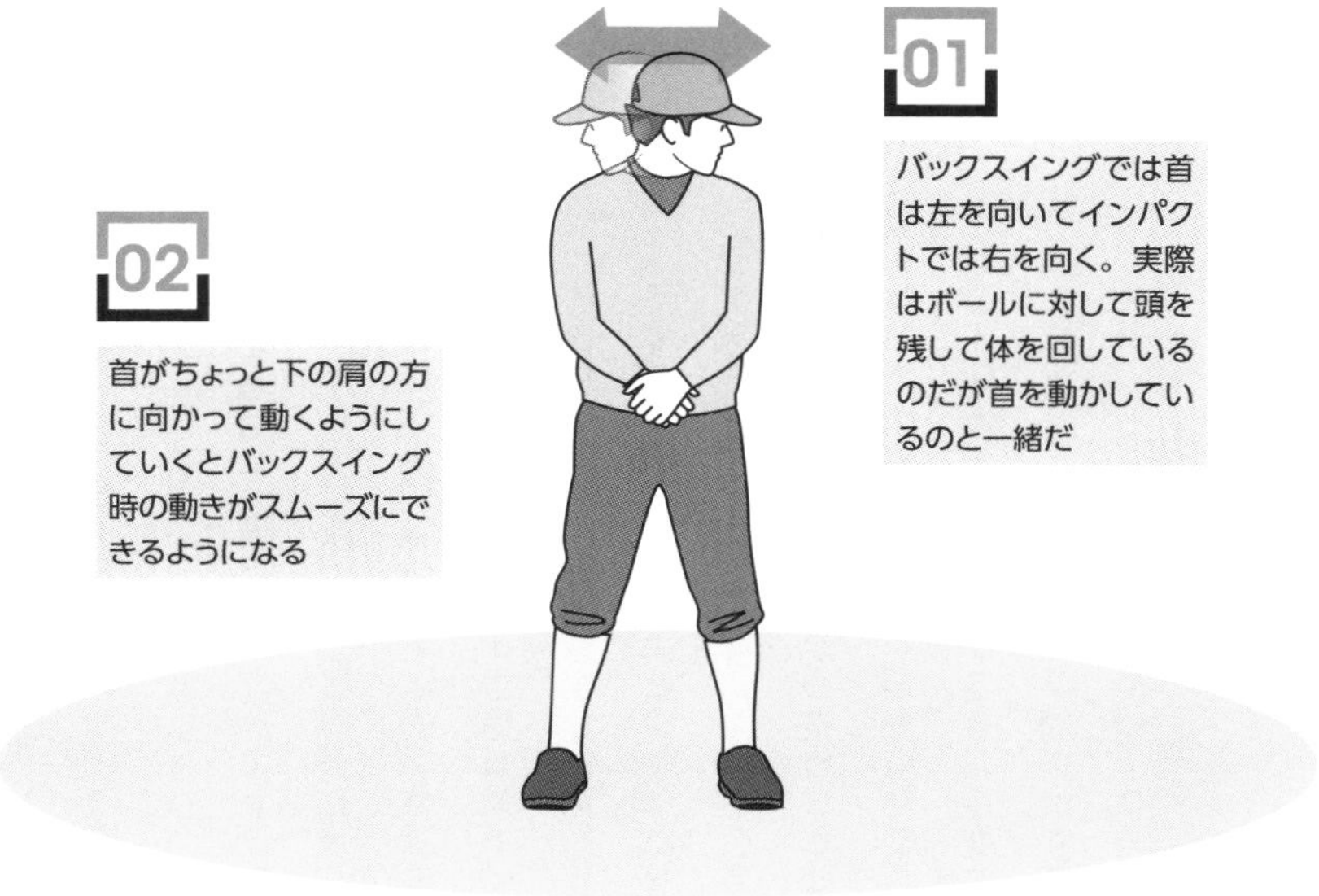

01

バックスイングでは首は左を向いてインパクトでは右を向く。実際はボールに対して頭を残して体を回しているのだが首を動かしているのと一緒だ

02

首がちょっと下の肩の方に向かって動くようにしていくとバックスイング時の動きがスムーズにできるようになる

クラブの右回り運動を身につけるためのドリル

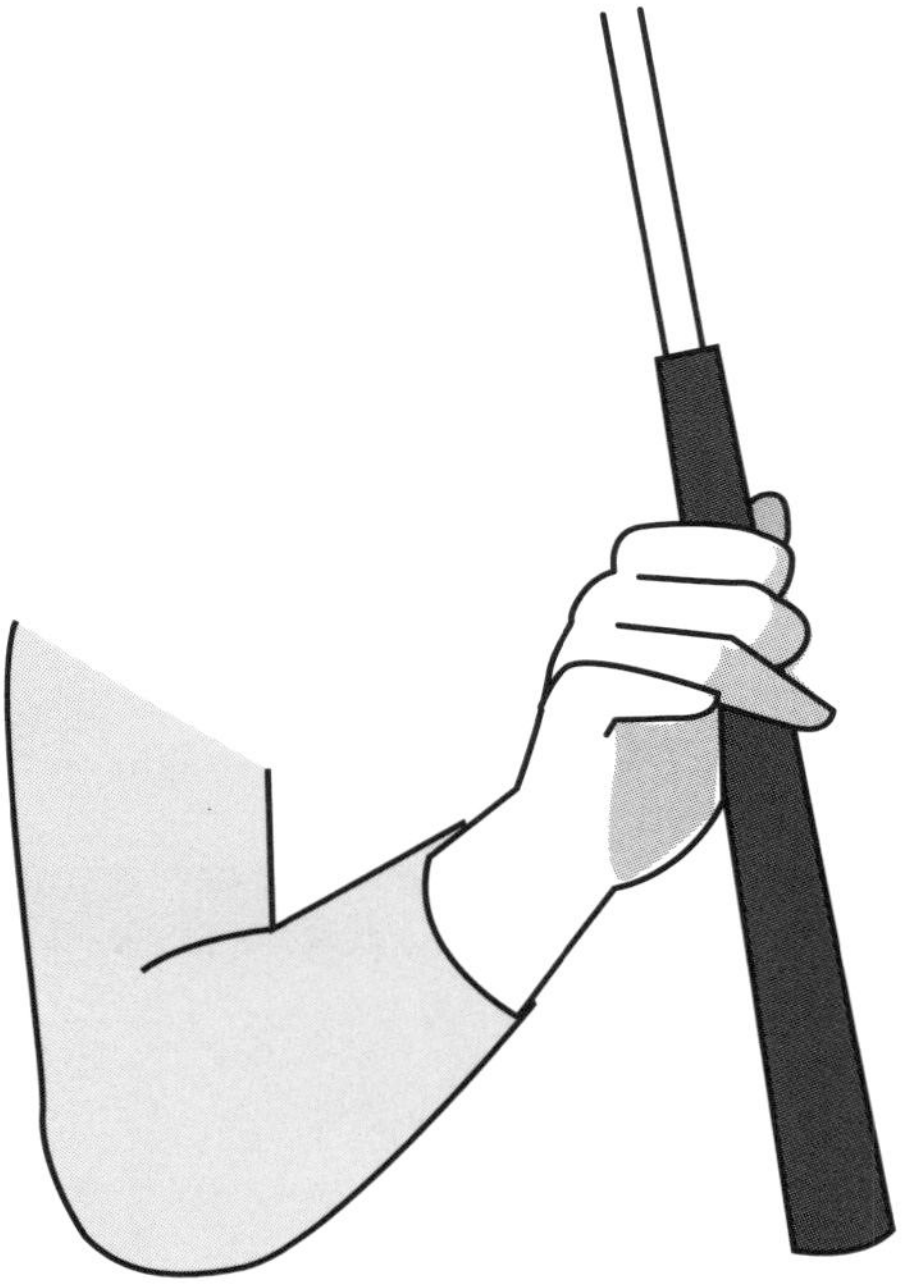

01

右手の親指と人差し指、中指でグリップを持つ。小指と薬指は外してもいい

トンカチで釘を打つイメージがポイント

繰り返しますがゴルフクラブは右回りに運動をさせることで正しいスイングになっていきます。クラブを右回りさせていくイメージを持つのに適したドリルが「右手1本素振り」です。右手の使い方が良くなるとスイング作りがとても楽になります。

インパクトをイメージするときトンカチで釘を打つというものがあります。通常とは違い横向きに刺さった釘を水平に動かして叩いていきます。このときの手の動かし方はそのまま右回りスイングに置き換えることができるのです。

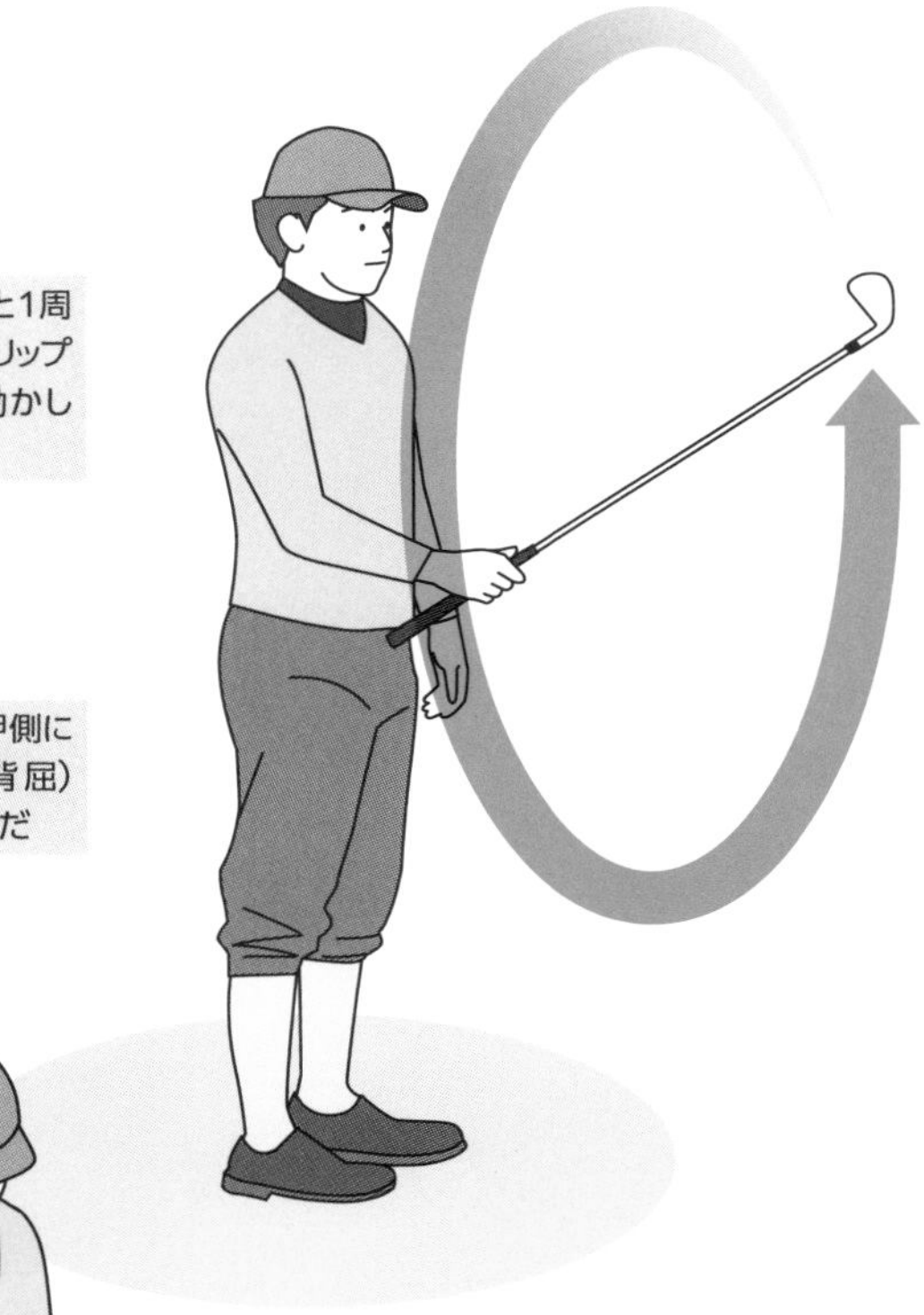

02

クラブをクルっと1周回していく。グリップを回すように動かしていく

03

右手首は手の甲側に折りながら（背屈）回していく感覚だ

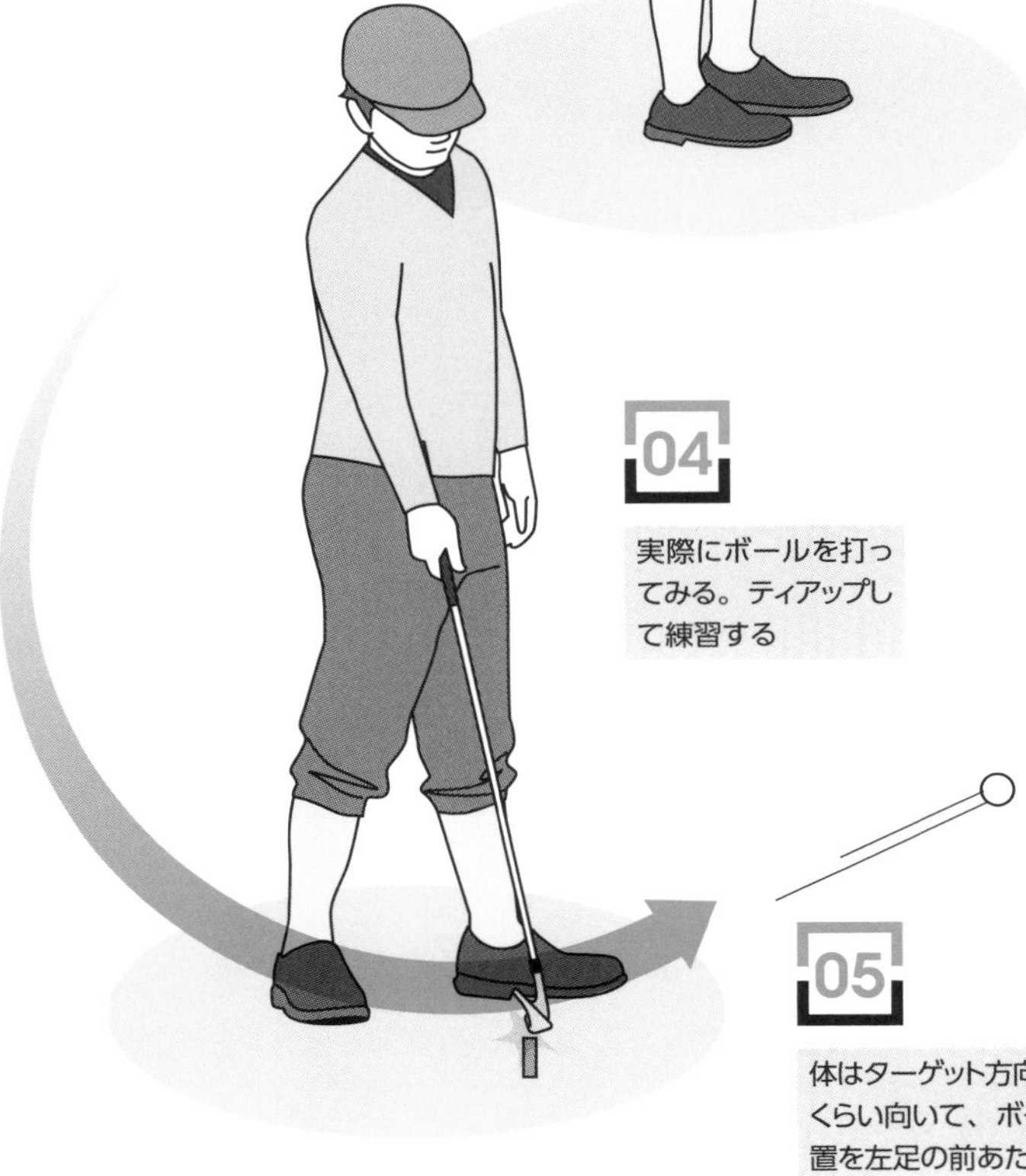

04

実際にボールを打ってみる。ティアップして練習する

05

体はターゲット方向に45度くらい向いて、ボールの位置を左足の前あたりにする

スプリットハンドドリル

グリップの支点と力点が分かるので右回り運動が理解できる

03

クラブを下ろしながら、打ちたい方向とシャフトが平行の位置を通過するようにしてインパクトを迎える

04

フォローでは体の左側に左手を持っていき、左手を下げるように動かしていく

右手と左手の役割を分かりやすくさせるドリル

グリップの右手に支点を作ってグリップ操作をしていこうと今まで述べてきましたが、ここで紹介するスプリットハンドドリルでグリップを離すことで右手と左手の役割を分かりやすくさせ、しかも支点と力点をはっきりさせられます。そうすると、理想的なクラブの右回り運動がしやすくなって覚えやすくなります。

左右の手を離すためにグリップはテンフィンガーになり、いつものグリップからズラす形でOKです。

01

握り方はいつものグリップから右手を離すだけでOK。右手はシャフトギリギリのグリップを握る

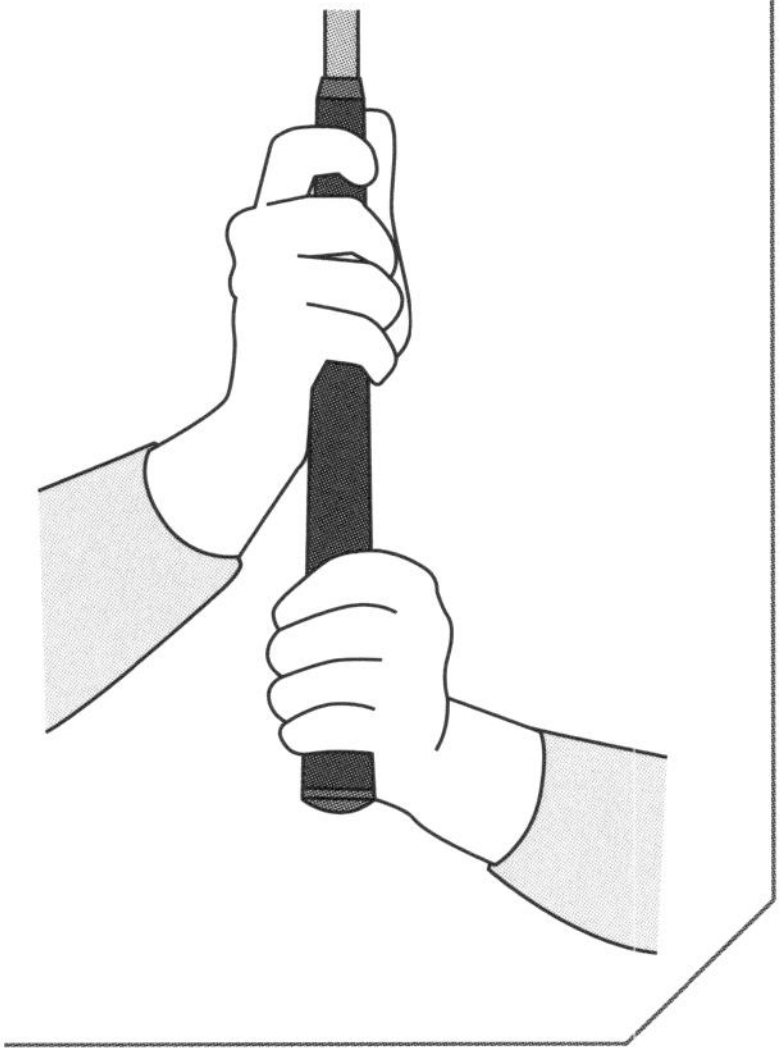

02

バックスイングでインパクトの形の手首を作っていく

連続水平素振り

グリップを引いてヘッドを動かすスイングの基本の基を覚える

グリップを操作してヘッドは自然と8の字を描く

スイングを構築するための水平素振り（PART4参照）ですが、連続で行うことでドリルとしても有効です。繰り返しますが、グリップは引いて引いての直線運動です。この動きができるようになると、スイング動作のセオリーとなる右回りの運動が可能になります。

多くのゴルファーの方はクラブヘッドを動かそうとします。グリップが動かずその場に留まりすぎてしまい手先で打つ「手打ち」になってしまいます。正しいグリップ操作をすればクラブヘッドは自然と8の字を描くようになります。ヘッドには重みがあり重力で垂れます。この垂れを阻害してはいけません。重力に逆らわずに連続水平素振りをするとヘッドは8の字を描きます。

連続で振ることで常にグリップを引き続けるため、バックスイングからインパクト、そしてフォローの動きにつなげやすくなります。ただしゴルフスイングはアドレスという止まった状態から開始します。ここがポイントにもなるのですが、グリップの端と端を平行に動かすかのように動かし、そこに体の回転を加えるだけでOKです。この動きさえ間違えなければ、そのあとの切り返しからインパクトまでグリップを引く動

手だけで連続水平素振り

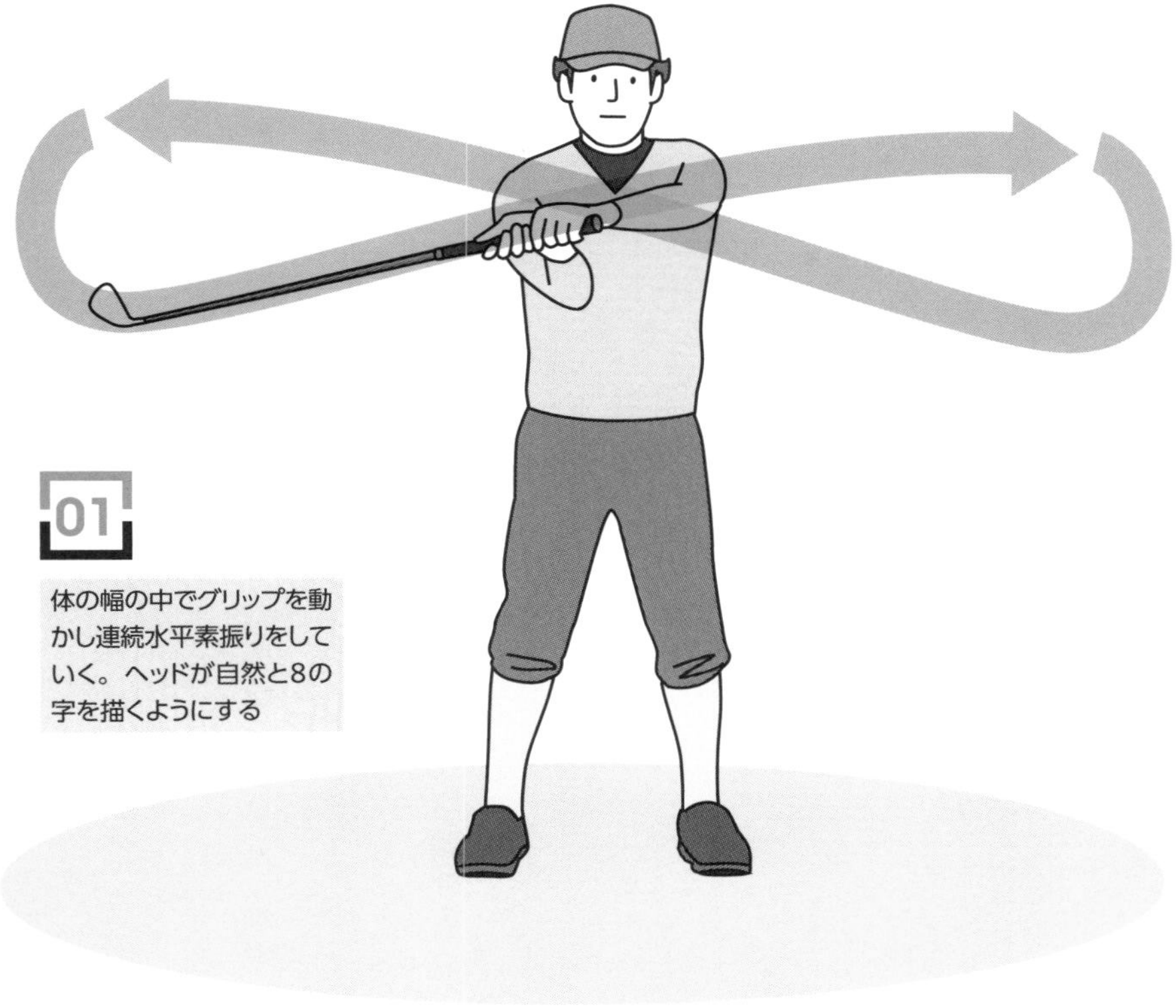

01

体の幅の中でグリップを動かし連続水平素振りをしていく。ヘッドが自然と8の字を描くようにする

きをしやすくなります。どちらにしても、連続水平素振りで基本となるグリップ操作を覚えていくことが重要です。

ドリルとしては、まずは手だけで体の幅の中でグリップを引き続けます。ヘッド軌道が安定するまで行いましょう。次は体を回す動きを付け加えます。そしてスイングに近い動きにしていくために素振りの軌道を下げスタンスを広めにして地面をこするように素振りをしましょう。最後に通常のスイングのようにアドレスから始めますが、フォローの位置からバックスイングを開始するとグリップを引き続ける動きがイメージしやすくなるでしょう。

体を回す動きを加える

01

体を左右に回しながら連続水平素振りを行う。目線は動かしてもいいが、慣れてきたら目線は一定にする

素振りの軌道を下げて連続水平素振り

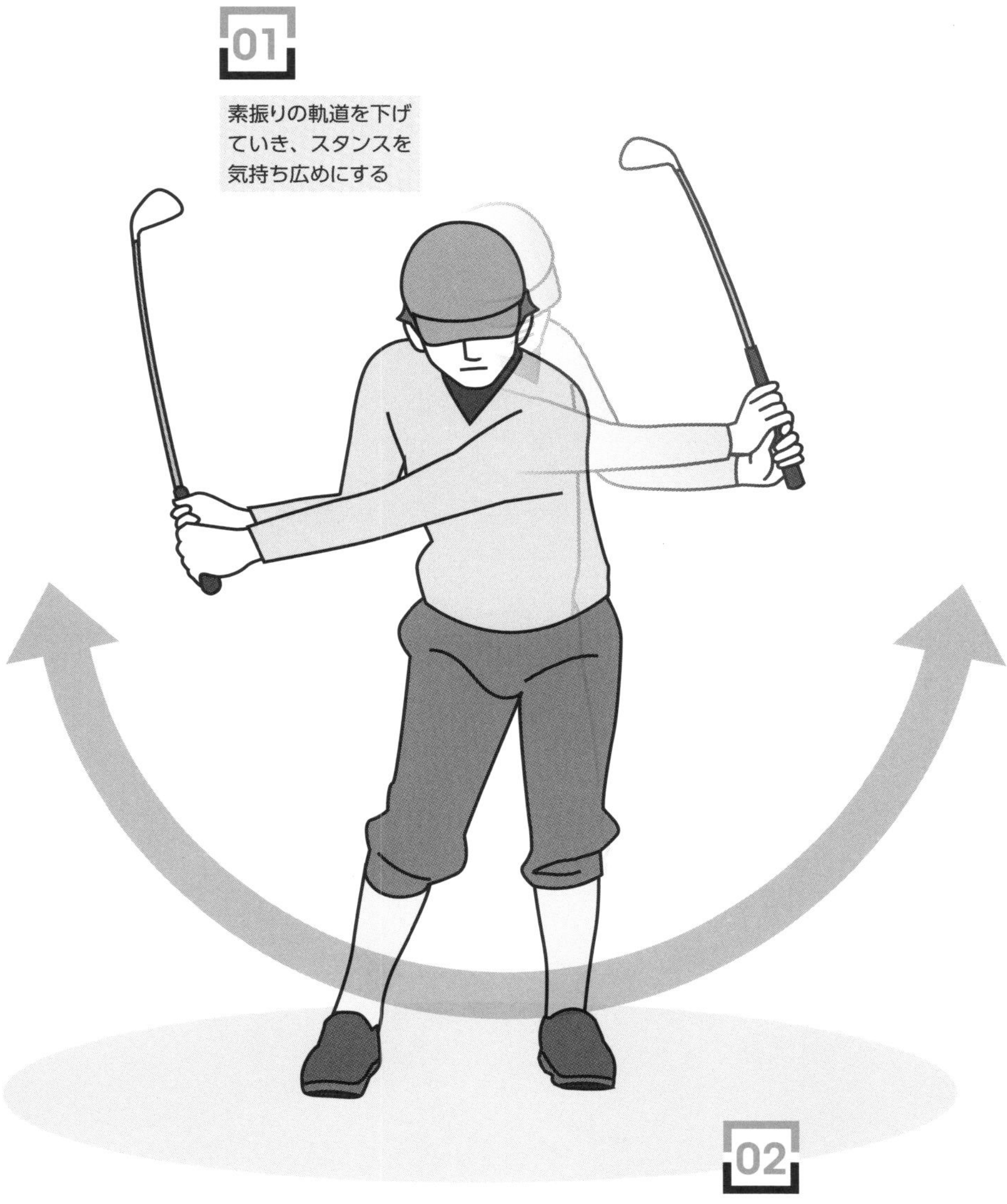
01
素振りの軌道を下げていき、スタンスを気持ち広めにする
02
インパクトで地面をこするようにして素振りをしていく

Summary
まとめ

クラブ操作を身につける練習法

インパクトの形をイメージする

クラブヘッドを走らせながらインパクトの形をイメージする練習はとても大事。またフェースのどこでインパクトしたかが分かるシールトレーニングもおすすめだ。

振り子運動を感じよう

ヘッドの重さとクラブの重心を感じながら、スイングの振り子運動を感じられるつまみ打ちドリルはおすすめ。インパクトまでのスイング軌道の再現性が高くなりフェースの向きが安定する。

クラブを効率良く使えているかを知る

クラブを効率良く操作できていれば、体に制限をかけたとしてもそれなりの飛距離が出る。両足を揃えても約90%程度は飛ばすことができる。

ゴルフスイングの設計図を理解

ゴルフスイングにおける体の動作ポイントは5つある。この5つの動作をスイングにつなげ構築していく。側屈、回転、前屈と後屈、胸郭、首の5つ動きを知っておこう。

スイングの右回り運動を体得する

クラブを右回りさせていく動きを右手1本素振りやスプリットハンドドリルで身につける。右回りのスイングがマスターできれば理想のスイングに近づいている証拠だ。

PART 6

ミスショットの分析＆改善法

ボールを打つと様々な問題が起こります。自分が思い描いたような打球にはならず、スライスしたりダフったりしてしまう……。ここではなぜそのミスが起きるのか原因を分析しその改善方法を紹介します。

フェースを45度かぶせて インサイドアウト軌道で打つ

01

カット軌道がスライスの原因の1つ

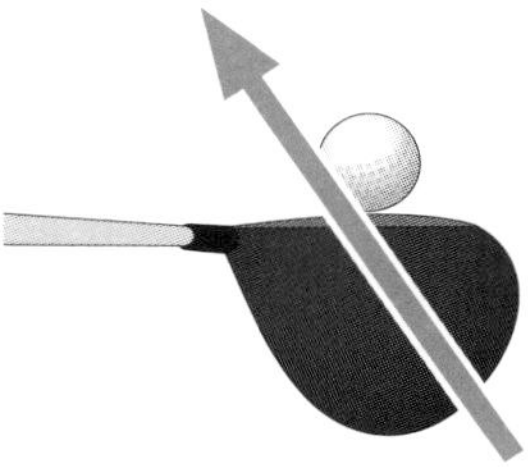

02

インパクト後に球が打ち出されてその後右に曲がるのがスライス

フェースの向きよりもカット軌道で起こる

スライスは球が打ち出された後、右に曲がるボールです。フェースはやや左を向きスイング軌道もカットに入ることで起こります。

スライスの改善方法はフェースを45度かぶせて、そこを正面だと思ってグリップをし直します。そのままインサイド・アウト軌道で振ることで、結果まっすぐかややドローボールになります。肩を開かないようにインパクトし手首を柔らかく使って打つことがポイントです。手首が硬いとトップになりやすいので注意しましょう。

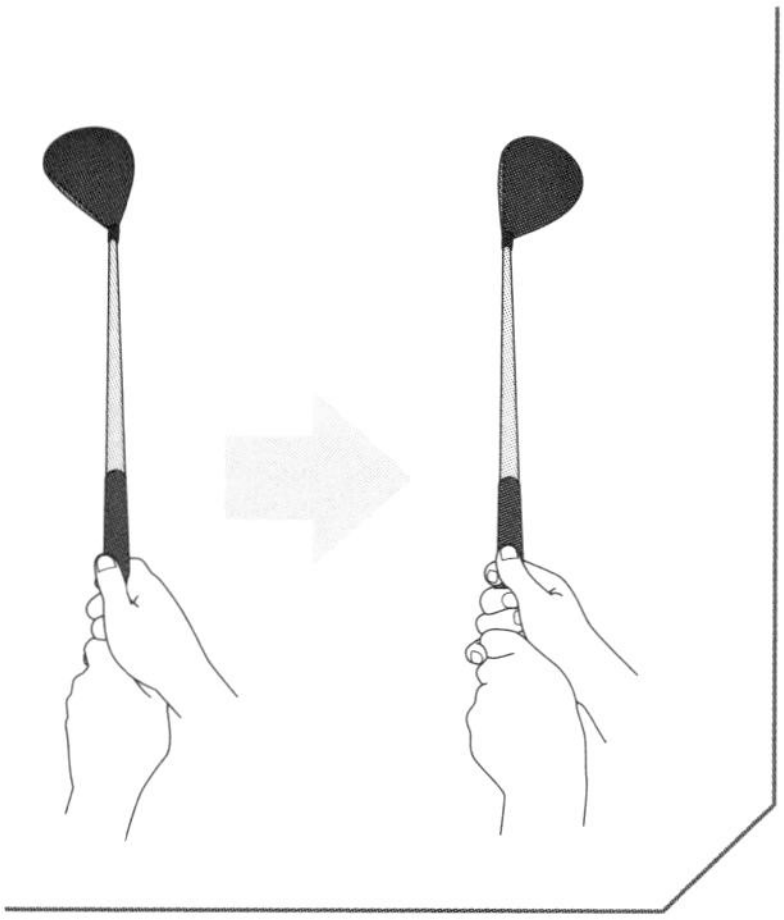

03

フェースを45度かぶせた状態でグリップをし、そのグリップを握り直さずフェースの向きを戻して構える

04

クラブヘッドでインサイドアウトの軌道を作って打つ。極端に右に押し出すイメージでもOK

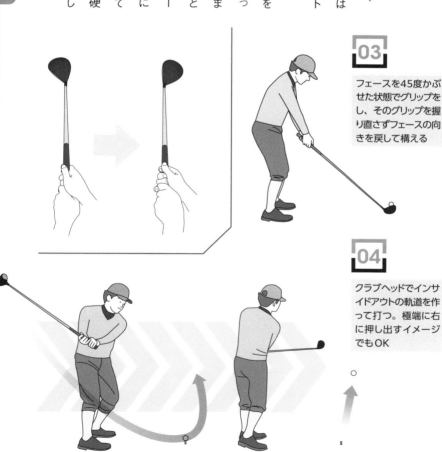

ボールを1つか2つ分
左に置いて打つ

01

インサイドアウトのヘッド軌道がフック・チーピンの原因の1つ

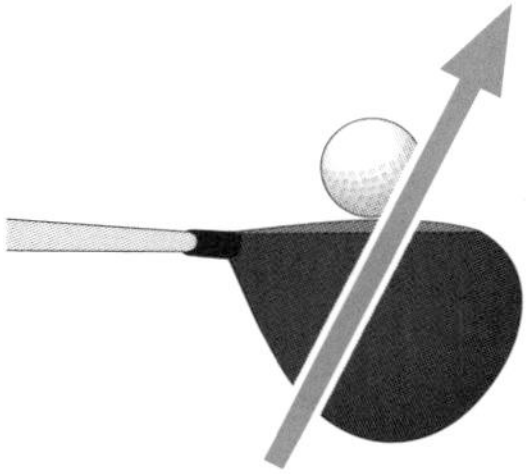

インサイドアウト軌道でヘッドが抜けるとフック

フックとチーピンが出る原理は一緒です。度合いの問題で度合いが小さくなるとドローボールになります。フェースの向きに対してインサイドインでまっすぐ振れればストレートですが、インサイドアウト軌道で抜けていくとフックになります。

改善方法はボールをいつもより1、2つ分左に置きましょう、インサイドからヘッドが入るとドローですが、ボールを先に置くことでカット軌道に変わる部分でインパクトができ上手く相殺されます。左手をこねると左に飛ぶので気をつけましょう。

03
ボールを右に置くのはダフりを嫌がるため。ただ正しいクラブの使い方をしたときボール位置が右だとエネルギー効率が悪く飛ばなくなる

02
通常のボール位置より少し左に置くことでヘッド軌道が調整される

スティックが体に当たらないように素振りをして矯正

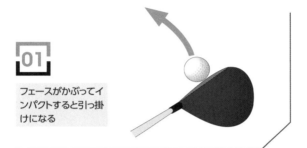

01

フェースがかぶってインパクトすると引っ掛けになる

02

フェースがかぶって左を向くので、インパクトからボールは大きく左へ曲がってしまう

インパクトでグリップの動きを止めると引っ掛ける

インパクトの瞬間にフェースがかぶって当たると引っ掛けになります。動きの主な原因はインパクトあたりでグリップの動きを止めてしまうからです。これはクラブヘッドを操作しようとして起こる問題です。本書のテーマでもあるグリップで引っ張り続けるスイング動作が重要になります。改善方法はアライメントスティックを使ってスイングのときに体に当たらないようにグリップを動かし続け、素振りで矯正していきます。大きく振ってもスティックが体に当たらないよう練習しましょう。

03

アライメントスティックを一緒にグリップする

04

スティックが体に当たらないようにグリップを動かし続けて素振りをする

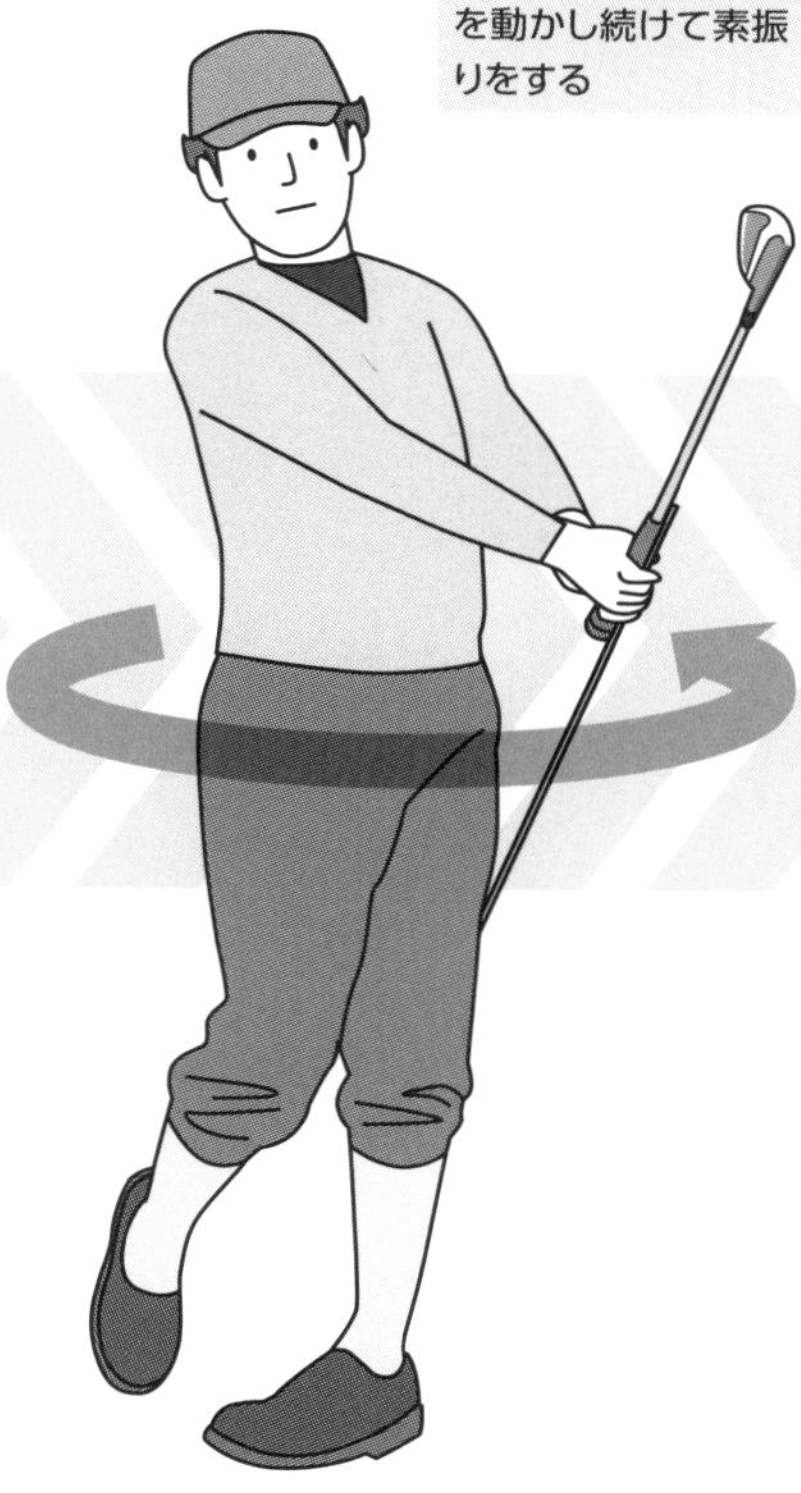

タオルでインサイドインの軌道を作り振って改善

01

アイアンのネックに当たることでシャンクになる

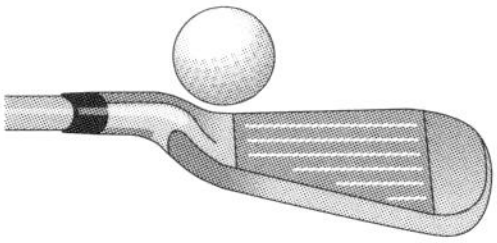

02

インパクトでネックに当たるとボールは大きく右に飛び出してしまう

ボールがクラブのネックに当たることで起きる

シャンクはインパクト時にボールをクラブのネック部分に当たってしまい大きく右に飛び出してしまうミスです。ネックに当たるということはグリップ操作でターゲット方向に向けて使おうとしてしまって体と手元が離れてしまい、それが原因で起こります。

改善方法はグリップを引き続けインサイドインのヘッド軌道にすることです。タオルを地面に置きインサイドイン軌道を作ります。そして、その形通りにスイングしていく練習がおすすめです。

03

ボールの奥にタオルを置きインサイドイン軌道を作る。タオルをなぞるように振る練習をする

スティックを使いグリップを引き続ける感覚を身につける

01 ボールの上部を叩いてしまうのがトップのミス

02 ボールの手前の地面をインパクトしてしまうのがダフりのミス

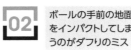

ダフりやトップするのはグリップ操作に問題がある

ダフりはボールの手前の地面を打ってしまうミスで、トップはボールの上部を叩いてしまうミスです。じつはダフりとトップの原因は同じでグリップ操作に問題があります。グリップを引き続けて動かしていけば基本的にはヘッドは地面に落ちません。しかし動きを止めてしまうことでヘッドで叩きにいってしまうのです。

改善方法は、引っ掛けと同じくアライメントスティックでグリップを引き続けるスイングを習得することです。

04 グリップを引き続けインパクトからフォローで当たらないように腕の使い方に注意する

03 アライメントスティックをグリップにつけて体に当たらないようにスイングする

目印となるタオルを先に置き アッパー軌道で打つ練習で改善

01

上から打ち込んでしまいボールの下にヘッドが入り込んでボールが打ち上がってしまう

ヘッドがボールの下部に入ってしまって起こる

テンプラは、クラブをアッパー軌道で打ちたいのに上から打ち込んでしまったために、クラブヘッドがボールの下部に入ってしまって起こるミスです。ですので、アッパー軌道で打つ練習をすることが解決策になります。

タオルをボールの先に置いて目印にし最下点を意識してスイングをしていきます。手元を上に上げようとする方が多いですが、そうではなく自然なアッパー軌道にするためには手首を柔らかく使いヘッドを走らせるように意識してください。

02

アッパー軌道にして打つ。ボールの先のタオルを避けるように振ってみる

03

手首を柔らかく使わないとミスショットになりやすいので注意する

フェースを閉じて左に引く意識を持ちながら両足揃えドリルで改善

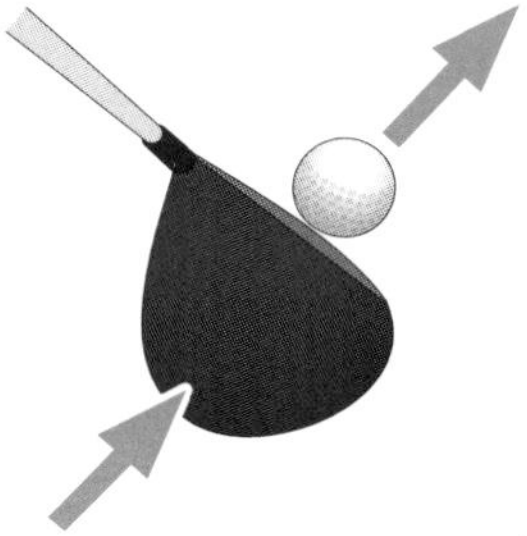

01

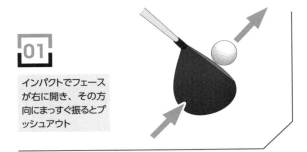

インパクトでフェースが右に開き、その方向にまっすぐ振るとプッシュアウト

02

開いたフェースの向きのまままっすぐ右に飛び出していく

フェースが右に開いて そのまままっすぐ振ると起こる

ターゲット方向よりフェースが開いて右に向き、そのフェースの方向にまっすぐに振ることで起きるのがプッシュアウトです。フッカーに出やすい打球で右プッシュが出るかドローになるかは紙一重と言えます。

フェースの向きを左に変えて左に引く意識を持つのが改善イメージですが、両足揃えドリルでインサイドイン軌道を覚えるのが効果的です。また、フックの直し方を参考にしてボールの位置を少しだけ左にするとインサイドアウト軌道が緩くなり改善できることもあります。

03

両足揃えドリルでインサイドイン軌道で振る

04

手や腕を柔らかくしなるように使いクラブを速く振ることを意識する

05

グリップを引き続けることでフェースコントロールが身につく

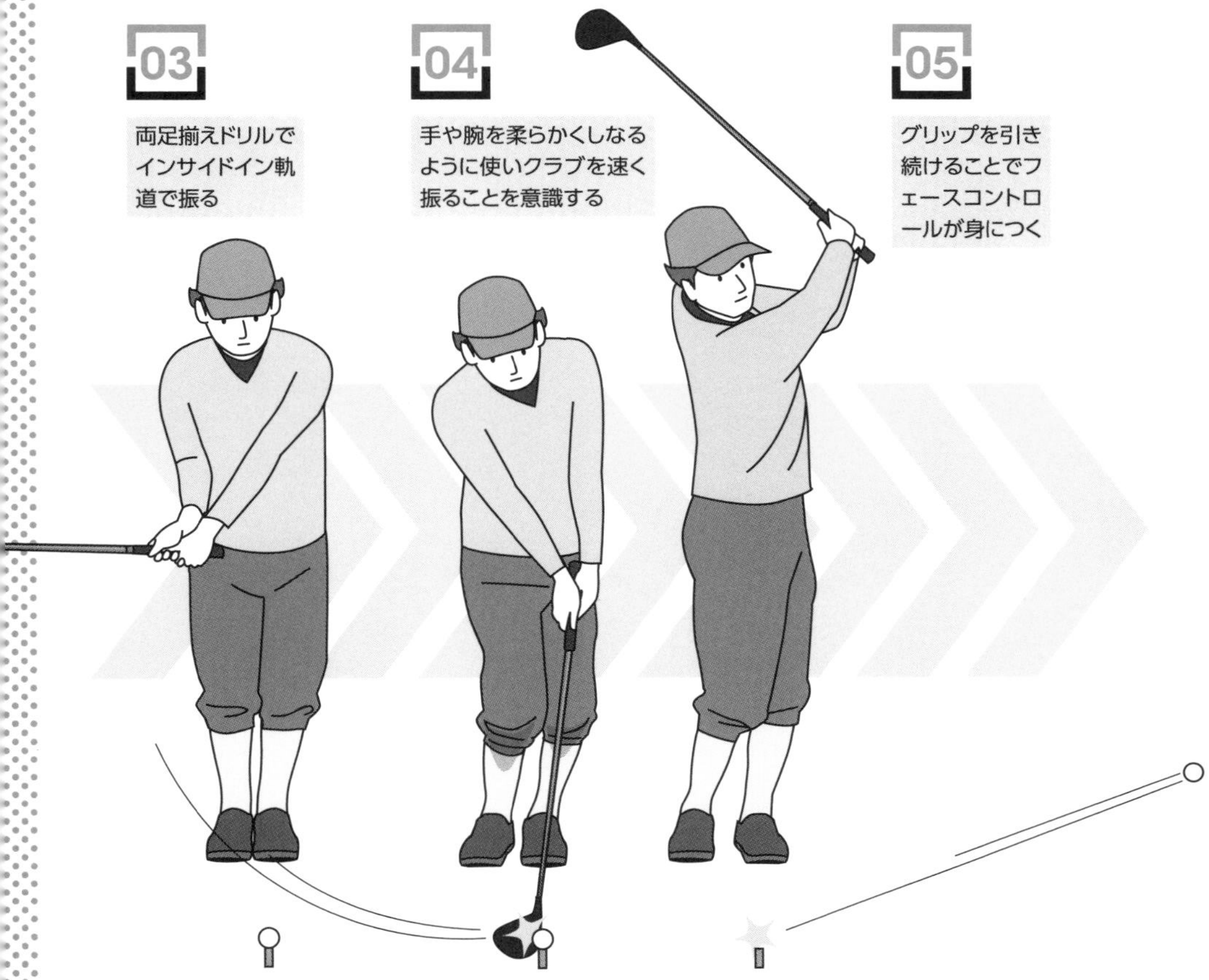

Summary
まとめ

ミスショットの改善方法

スライス
スライスの改善方法はフェースを45度かぶせてグリップし直し、そのままインサイドアウト軌道で振るようにする。肩を開かないように意識して打とう。

フック&チーピン
フックやチーピンを直すときはボールを1つか2つ分いつもより左に置いてアドレスする。ボールを先に置くことでヘッド軌道を調整できる。

引っ掛け
引っ掛けはヘッドを操作をしようとして起きるのでグリップ操作の意識に変えていく。アライメントスティックを使いグリップを動かし続ける動きを身につける。

シャンク
シャンクはボールがクラブのネックに当たることで起きる。グリップを引き続けてインサイドインのヘッド軌道にすることで改善できる。インサイドイン軌道をタオルを使いイメージする。

ダフり&トップ
ダフったりトップするのはグリップ操作に問題がある。アライメントスティックを使いスイング中にグリップを引き続けることを覚えていく。

テンプラ
クラブヘッドの下部に当たってボールが浮き上がるのがテンプラ。タオルなどの目印をボールの先に置き、アッパー軌道をイメージしてスイングしていく。

プッシュアウト
フッカーに多いプッシュアウト。フェースが右に開いているのが問題なのでフェースを閉じることと、両足揃えドリルでインサイドイン軌道を覚えることで改善できる。

Question 01

アイアンは縦振り、ドライバーは横振りのイメージでスイングするのが正しいのでしょうか？

Answer

ボールの位置を基準にそれぞれスイングを考えよう

とても多くのアマチュアゴルファーから届く質問ですが、じつはアイアンは縦振り、ドライバーは横振りと決めつけるのは良くありません。

ゴルフスイングはボール位置を基準にしていくものです。例えばフラットなライとつま先上がりなどの傾斜のある場所でボールを打つとき、同じクラブだからといって同じスイングをすることはありません。自分から見て目の前が坂になっており、そこにボールがあるならスイングは横振りにするのが望ましいはずです。ボールの位置が状況によって異なるのに、同じところにトップを上げてスイングするからおかしくなるのです。

ボール、つまりインパクトをする位置から、どこにクラブを上げていくか、切り返しをしていくか、それだけを考えてスイングすることが大切になります。

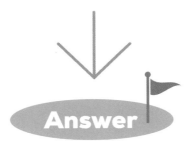

Question 02

ドライバーで飛距離がぜんぜん出ません。何が問題なのでしょうか？

Answer

スイングをするとき右手支点にするとヘッドが走って飛距離が出る！

飛距離が出ない理由は様々です。その中でも多いのはスイングをするときの支点の位置が間違ってしまっていることが挙げられます。

1つは右手支点でクラブを動かさずにグリップエンドが支点になってしまっていることです。52ページで説明しましたが、力任せにクラブを動かそうとする人ほどグリップエンドが支点になっている傾向です。

もう1つ。胸が支点になってしまう方も飛距離は出ません。イメージとしては手を棒のように使ってスイングしているゴルファーです。これらの方に共通するのがヘッドを走らせるスイングができていないことです。ヘッドを走らせることを身につけるには、両足揃えドリル（104ページ参照）とスプリットハンドドリル（114ページ参照）を実践してみてください。正しい右手支点のスイングになりヘッドの走りを体感できるようになります。

Question

03

強いボールを打ちたいと切り返し時に力んでしまいます。解決策はありますか？

Answer

手元の柔らかいシャフトに変更してみよう！

スイングの問題を疑う前に、使用しているクラブを変えることで改善できることもあります。

クラブと言っても変えるのはシャフトです。切り返し時に力む人は、グリップの手元側が柔らかくなっている手元調子のシャフトを選んでみてください。硬いシャフトを使っていると切り返しでタメを作れず打ち急いでしまっている人が多いです。

切り返し時のタメですがロープや縄跳びなどでスイングをするとイメージしやすくなります。ロープを振ろうとするとき、バックスイングから切り返しで一気に振ろうとしてもロープはついてきません。トップから切り返しで一度「間」を作ってからゆったりしならせて振るイメージではないでしょうか。このタメを作りやすくできるのが柔らかいシャフトになります。ですので、Xシャフトを使用しているならS、SならRと変更して試すことをおすすめします。一度は柔らかいシャフトでスイング練習をしてみてください。

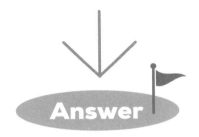

Question
04

クラブフィッティングをしたいなと考えています。どのタイミングで行うのが良いでしょうか？

Answer

正しいスイングを身につけてから自分に合うクラブを選ぼう

クラブ選びはゴルフではとても大切です。自分のスイングに合っていないクラブを使っても上達は望めません。また、自分がどのようなゴルフライフを今後していきたいか、その目標によっても変わります。 例えばスイングを向上させたいという目標を持っている。それともスイングは今のままでいい。今の自分に合ったクラブでゴルフができれば……。今の自分に合わせるのか未来のスイングに合わせるのか。このように目的が違うと、選ぶクラブもフィッティングも変わってくるのです。本書をお読みいただいたゴルファーの方は、スイングを向上させたいと思っている方がほとんどだと思います。ですので、私のおすすめは正しいスイングを作るためのクラブをなるべく早くフィッティングし、良いスイングになったら改めてフィッティングして、より完成度の高い結果を目指していただきたいと思います。

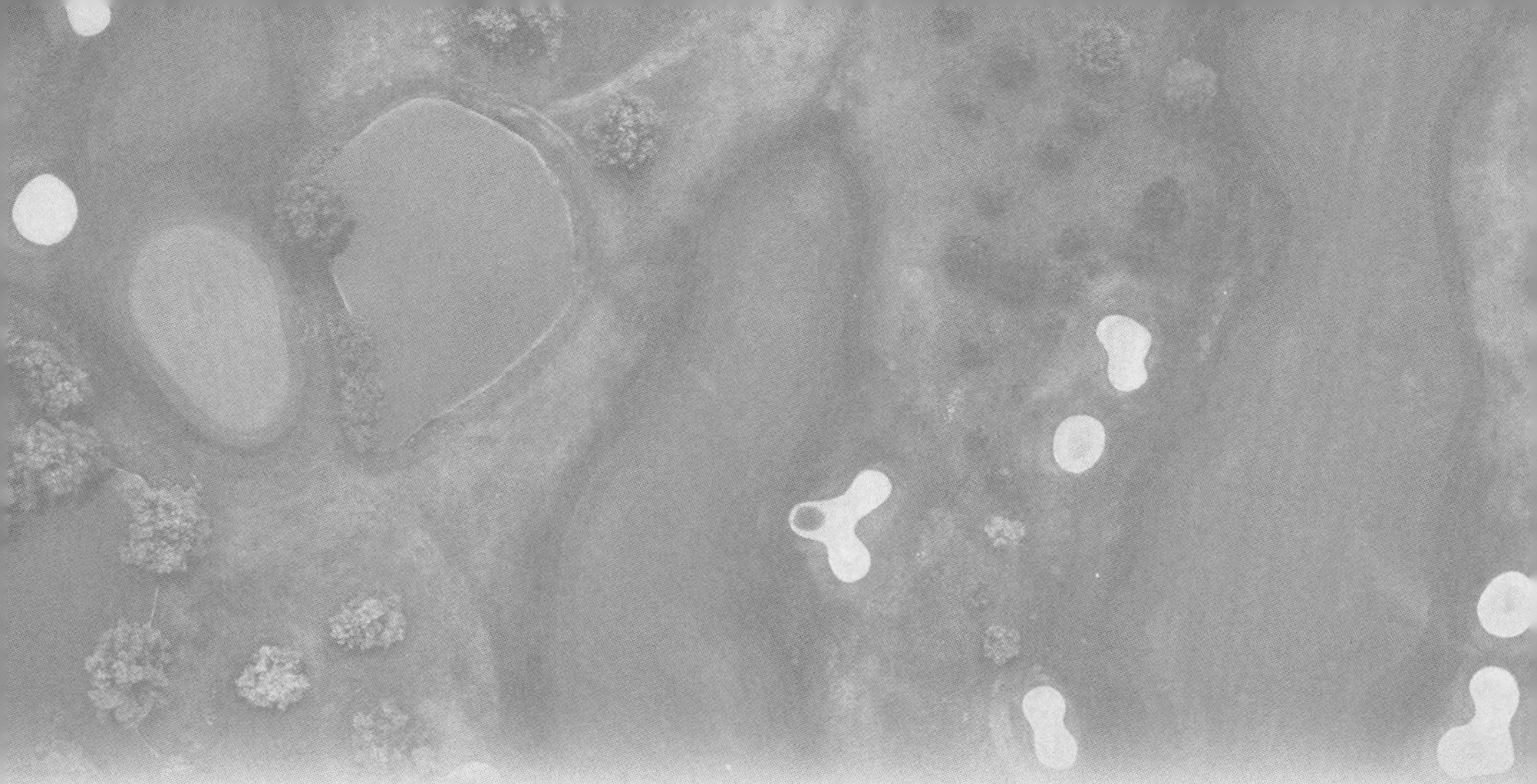

Profile

著者

宮本大輔
（みやもと・だいすけ）

千葉大学教育学部卒。23歳からゴルフを始め26歳でゴルフレッスンプロ資格を取得し、31歳で下部ツアーに出場。33歳からレッスン活動を本格化。指導哲学は「人それぞれのゴルフを創り上げること」。多くのレッスン動画もYouTubeで配信。「力を使わずに飛ばす方法」が評判を呼び、2023年現在約10万人登録者を誇る人気チャンネルとなっている。

ゴルフレッスン動画

みやもとゴルフch.

ゴルフスイングの基本やアマチュアゴルファーの悩みを解決するYouTubeチャンネル。飛距離アップやスコアアップ、基礎練習など多くのテーマが動画で見れる。

おわりに

新たな「気づき」を得てさらなる上達を目指そう

この本を最後までお読みいただき、誠にありがとうございました。

この本を通じて、クラブの使い方について学んでいただくことができましたでしょうか。この本を参考にして自分の体を、クラブに適した動き方に合わせる方法を理解していただけたのであれば、大変嬉しく思います。そして、あなたの新たな「気づき」につながることを願っております。

本書でご紹介した練習方法を反復し、アドバイスを参考にしていただくことで、ゴルフコースに出た際に、ボールコントロールの向上や安定したゴルフスイングを

実現することができます。繰り返し練習を行うことでさらに理解が深まり、自分だけのスイングが身につくことでしょう。

この後もスイング中の体の動きだけでなく、クラブの動きがどのようになっているかをしっかりと把握し、その上で適切な体の動かし方を大切にすることが大事だと思います。

今後も「みやもとゴルフch.」や全国のレッスン会場でも皆様に寄り添いながらサポートして参ります。皆様のゴルフがさらに上達していくことを、心から願っております。

最後に、この本を出版するにあたり、株式会社イースト・プレスさん、編集の城所さんには、大変お世話になりました。心より感謝を申し上げます。

宮本大輔

STAFF

●カバーデザイン
三國創市（株式会社多聞堂）

●本文デザイン＋DTP
三國創市（株式会社多聞堂）

●編集
佐藤紀隆（株式会社Ski-est）
稲見紫織（株式会社Ski-est）
http://www.ski-est.com/

城所大輔（株式会社多聞堂）
https://www.tamondo.com

●イラスト
楢崎義信

●取材協力
伊丹大介

クラブ特性 インパクト 操作法
ゴルフスイング解析図鑑

2023年7月5日 第1刷発行

著 者 宮本大輔
発行人 永田和泉
発行所 株式会社イースト・プレス
〒101-0051
東京都千代田区神田神保町2-4-7久月神田ビル
Tel.03-5213-4700／Fax.03-5213-4701
https://www.eastpress.co.jp
印刷所 中央精版印刷株式会社

 ISBN 978-4-7816-2212-5